KB237584

제2차 런던신앙고백서

제5열람실은 '교회를 위한 신학을 공부하는 곳'이라는 의미를 지닌 침례신학대학교 독서 동아리였습니다. 이제는 교회에서 출판사 제5열람실로 다시 이 소망을 이어갑니다. 제5열람실은 종교개혁의 유산, 침례교가 가지고 있는 개혁신학과 신앙을 한국교회에 소개하고자 책을 만들어내고 있습니다. 우리가 펴낸 모든 책이 교회를 바로 세우는 기틀이 되기를 바랍니다.

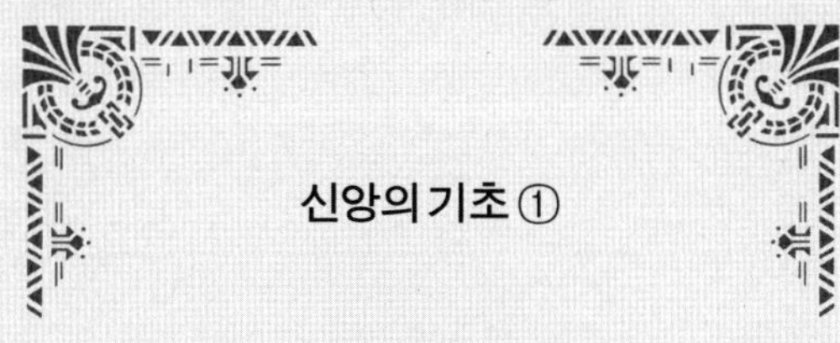

신앙의 기초 ①

제2차 런던신앙고백서

The Baptist Confession of Faith 1689

김홍범 · 박대일 옮김

제5열람실

서문

오늘날에는 신앙고백의 중요성과 사용을 강조하는 교회가 많지 않습니다. 그러나 역사적으로 교회는 신앙고백을 무엇보다 중요하게 여겨 왔습니다. 믿는 바의 정리이자 요약으로서 주일학교 때부터 설교하고 가르쳤으며, 이단으로부터 교회의 순수성을 유지하는 중요한 섭리적 수단이었습니다. 교회는 이것을 신앙고백서로 문서화하여 '진리의 기둥과 터(딤전 3:15)'로써의 사명을 지켜왔습니다. 이는 침례교회도 마찬가지입니다. 특히 특수침례교회The Particular Baptist Churches 선조들은 신앙고백서의 중요성을 어느 누구보다 잘 알았습니다. 그들은 당시 일반침례교회The General Baptist Churches 와는 다르게 그리스도께서 모든 인류가 아니라 오직 택자들을 위해 죽으셨다는 구원론을 가르쳤고, 신자의 침례로서 침수침례를 베풀었던 교회였습니다. 1644년에는 런던에 총 일곱 개의 특수침례교회가 있었는데, 각 교회의 대표들이 함께 모여서 신앙고백서를 작성했습니다. 이 신앙고백서가 제1차 런던신앙고백서입니다. 표지에 이렇게 적혀있습니다. "재세례파로 잘못 일컬어지고 있는 일곱 교회가 우리의 신앙을 고백한다." 바로 자기들을 재세례파라 여기는 오해를 바로 잡기 위한 것이 이 고백서의 목적 중 하나였습니다.

그 후 1646년에 장로교 형제들에게서 웨스트민스터 신앙고백이 나오고, 1658년에 독립회중교회에서 사보이 선언이 나왔습니다. 특수침례교회의 목회자들 역시 신학과 실천 전반에 걸친 새로운 신앙고백서의 필요성을 느끼게 되었습니다. 이를 위해 1677년 런던에서 100여명의 목회자들이 한 자리에 모였고, 이 때 작성된 신앙고백이 바로 **제2차 런던신앙고백서**입니다. 당시 종교적 압박과 핍박이 너무 심한 나머지 작성만 해놓고 발표는 하지 못했습니다. 그러다가 1689년 종교관용령이 발표되면서 그 해 공식적으로 특수침례교회의 신앙고백서로 채택하게 됩니다. 그래서 또 다른 이름으로 **1689 침례교신앙고백서**라고도 부릅니다. 이 고백서는 표면적으로 웨스트민스터 신앙고백서와 사보이 선언과 거의 일치해 보일 정도로 비슷합니다. 이것이 하나의 특징입니다. 그렇게 작성한 이유는 자신들의 믿는 바가 다른 종교개혁의 후예들과 다르지 않으며 같은 유산을 가지고 있고, 같은 신앙을 가지고 있다는 신앙의 연속성을 드러내고자 함이었습니다. 차이점이라면 언약에 대한 이해와 이것에서 표현되는 교회정치와 침례에 관한 부분과 그 외에도 부분적으로 수정된 차이점들이 있습니다. 그러나 전체 신학적인 체계 안에서의 본질적인 차이는 없습니다. 따라서 '정통', '개혁'이 마치 장로교만의 것이라는 인식에 대해, 그 인식이 아주 좁은 것이라고 말해 줄 수 있는 가장 분명한 실례가 바로 제2차 런던신앙고백서라고 할 수 있겠습니다.

> "이 오래된 문서, '제2차 런던신앙고백서'는
>
> 우리가 가장 확실히 믿어야 하는 것들에 관한 가장 탁월한 요약이다.
>
> 이는 당신에게 믿음에 관한 권위적인 규칙이나 규범의 족쇄가 아니라,
>
> 의로 교육하는 수단으로서 생겨난 것이다.
>
> 이 신앙고백서가 영감된 것은 아닐지라도,
>
> 모든 고백의 척도가 되는 성경의 가르침을 탁월하게 표현한다.
>
> 우리는 잃어버린 죄인들의 구원에서 하나님의 주권적 은혜,
>
> 즉 우리를 겸손하게 만드는 진리를 고수한다.
>
> 구원은 오직 그리스도를 통해 그리고 오직 믿음으로 인한 것이다."
>
> 찰스 스펄전(C. H. Spurgeon, 1834-1892)

1년 2개월이라는 기간동안 대전의 한 침례교회에서 제2차 런던신앙고백서 해설 설교가 진행되었습니다. 설교진행에 맞춰 차례대로 번역해 나갔습니다. 번역에 임한 두 사람이 거의 매일 밤, 머리를 맞대고 단어 하나 의미 하나를 두고 수고를 아끼지 않았습니다.

한 장 한 장 완성될 때마다 읽고 또 읽으며 감격스러웠습니다. 이미 이런 좋은 유산들을 풍성히 누리고 있는 분들에게는 이미 밟고 지나온 길이겠지만, 저희에게는 첫발걸음이었습니다. 하지만 그 기간 동안 매주 신앙고백서로 설교와 교육을 진행하는 가운데 사람들의 변화와 자라감이 저희에게는 큰 힘이 되었습니다. 무엇보다 그 기간 후에, 이 신앙고백에 동의한 자들로 회중이 세워지고 교회로서 시작되고 자라가게 되었습니다. 이 지면을 빌어 노은하나교회의 회중에게 다시 한 번 감사의 말을 전합니다.

출판사 제5열람실의 공식적인 첫 출판이 '제2차 런던신앙고백서'의 본문이라는 사실이 매우 뜻 깊고 의미가 있다고 생각합니다. 그리고 한국교회에 제2차 런던신앙고백서를 단행본으로 소개하게 되어 매우 기쁘게 생각합니다. 비록 작은 수고이지만 이를 통해 우리의 신앙의 내용이 더 명확해지며, 풍성해지기를 소망합니다.

목차

신중하고 편견 없는 독자들에게

고상한 독자 여러분,

우리 가운데 몇몇 형제들이 (우리와 다르지만 우리가 고백한 바로 그 주님의 길에서 살아가고 그 길을 걸어가는 올바른 그리스도인들과 함께) 신앙고백서를 출판해야겠다는 마음을 품은 지 몇 년의 시간이 흘렀습니다. 이는 우리의 낯선 표현들로 인해서 그리고 몇몇 유명한 사람들이 우리와 우리의 고백을 아주 잘못 판단하여 다른 사람들에게도 오해를 불러 일으켜서, 우리의 신앙의 원리들이 무엇인지를 완전히 잘못 이해하거나 편견에 사로잡혀 우리의 신앙을 판단해 온 사람들에게 정확한 정보를 제공해주고 오해를 풀어주기 위함입니다. 그래서 1643년 런던에 모인 7개 교회들의 이름으로 처음으로 신앙고백서를 작성했습니다. 그 이후로 여러 쇄가 인쇄되어 널리 퍼졌고 우리의 목적은 드러났고 상당히 반응이 좋았습니다. 우리는 이 신

앙고백서로 인해 상당히 많은 사람들(그리고 신앙과 학식 모두에서 탁월
한 몇몇 사람들)이 설득되어서, 우리는 그 어떤 근거 없이, 혹은 우리
가 제시한 근거도 고려하지 않은 채 우리에게 제기되던, 우리가 이
단적 요소들과 근본적인 오류들을 가지고 있다는 비난을 받지 않
게 되었습니다. 그리고 이제 이 신앙고백서는 예전에 그랬던 것처
럼 일반적이지 않지만, 다른 많은 사람들은 그 때부터 쭉 신앙고백
서에 쓰여 있는 동일한 진리를 품어 왔습니다. 우리는 지금 여러분
의 손에 들려있는 이 고백서를 출판함으로써 우리 공동체가 이렇
게 바른 원리들과 일치한다는 것을 세상에 증언하는 일에 참여할
필요가 있다고 판단했습니다.

　　우리의 의향을 표현하는 방법과 형식이 (비록 그 내용의 본질이 동일하
지만) 이렇게 이전의 신앙고백서와 달라졌기에, 우리는 스스로 그
근거와 이유를 밝힙니다. 이 작업을 해나가는 데 있어서 우리를 크
게 지배한 한 가지는 (침례에 있어서 우리와 다른 형제들에게 우리를 충분히 설
명한다는 것뿐만 아니라, 또한) 이러한 설명으로 인해 그들이 복음의 큰
진리 안에서 그들의 설명방식과 체계를 가지고 우리의 글을 판단
할 때 도움을 주는 것이었습니다. 우리는 모든 방식에 있어서 우리
가 하나님과 함께 평안히 걷고 하나님 앞에서 풍성한 열매를 맺는
것이 가장 큰 관심사라는 것을 분명히 이해하고 확고히 믿습니다.
그러므로 우리는 우리를 더 자세하고 확실히 구분하는 표현이 필

요하다는 것과 또 우리의 깨달음과 믿음의 내용을 설명하는데 있어서 가장 이해하기 쉽게 표현하는 방식을 정해야겠다는 결론을 내렸습니다. 그리고 이와 관련하여 우리는 그 총회에 의해 그리고 그들 이후 회중주의의 길을 가는 사람들에 의해서도 확증된 신앙고백에서 그 어떤 결점도 찾지 못하였기에, 우리는 주저 없이 우리의 신앙고백서가 그들과 같은 순서를 유지하는 것이 가장 좋은 것이라는 결론을 내렸습니다. 그리고 또한 우리는 앞에서 언급된 그들이 그들의 신앙고백서 안에서 (그들 자신과 다른 사람들 모두에게 중요하다고 판단했기 때문에) 그들이 동의하는 모든 신앙의 조항에 관하여서 이전의 신앙고백서와 일치한 표현으로 그들의 생각을 드러내기로 선택했을 뿐만 아니라, 거의 모든 부분에서 다른 말을 쓰지 않기로 선택했다는 것을 보았습니다. 그래서 그들과 같이 우리도 우리의 신앙과 교리가 그들의 것과 같은 조항에서는(이런 부분이 상당히 많다) 같은 표현을 쓰는 모범을 따르는 것이 가장 좋은 것이라는 결론을 내렸습니다. 그리고 우리는 이렇게 함으로 우리의 신앙과 교리가 그리스도인의 신앙의 모든 기본적인 조항들과 일치하고 개신교와 여러 나라와 도시를 대표해 전통적인 신앙고백서를 출판한 다른 형제들과 같은 입장이라는 것을 더 충분한 방식으로 명백히 했습니다. 그리고 우리는 새로운 표현으로 종교를 억죄지 않고, 우리보다 먼저 다른 형제들이 써왔고 성경에 일치하는 올바른 진술을 기꺼이 받아들입니다. 이로써 우리는 그들이 성경의 분명한 증거를 가지고 주장해온 기독교 교리 전체와 일치한다는 것을 하나님, 천사, 사람들 앞에서 진심으로 선언합니다. 더해진 내용들이 있고, 뺀 내용도 있고, 약간 수정한 부분들도 있으나, 이러한 수정은 자연스러운 것이지, 이로 인해 우리가 이러한 표현에 의지해 있는 모든 우리 형제의 신앙이 불건전하다고 비난하거나 불신하고 있다고 의심할 필요가 없습니다.

우리가 다른 형제들과 다른 부분에 있어서, 우리는 모든 공평함과 솔직함을 가지고 우리 자신을 표현해왔습니다. 그래서 단 한 사람도 우리가 마음 속 안에 몰래 숨기고 있는 것이 있다고 경계심을 갖게 해서는 안 되고 우리가 세상에 그렇게 알려져서도 안 됩니다. 그렇지만 우리는 적절하고 겸손한 이러한 원칙들을 따르면서 다른 사람의 마음이 상하지 않는 범위에서 우리의 자유를 누릴 것입니다. 심지어 그들의 진술이 우리의 진술과 다를지라도 말입니다.

또한 우리는 우리의 신앙고백서 각 항을 확증하기 위해 난외에 주의를 기울여 성경본문을 첨가했습니다. 우리는 가장 명백하고 적절한 말씀을 선택하려고 신중히 노력하였습니다. 그 까닭은 우리가 주장하는 내용의 증거이기 때문입니다. 그리고 우리가 진심으로 바라는 것은, 매일 성경을 상고하고 자신들에게 선포된 설교가 옳은 지 그렇지 않은 지를 알아보려고 한 너그러운 베뢰아 사람

들의 (칭찬해도 과하지 않은)모범을 따라서 이 모든 말씀이 우리의 것이
되는 것입니다.

　우리가 더 진심으로 고백하고 진정으로 바라는 것이 있는데 그것
은 바로 논쟁은 이 문제에 있어서 지금까지 해온 모든 일의 목적과
상당한 거리가 있다는 것입니다. 그리고 우리는 우리가 가지고 있
는 신앙의 원리들과 우리의 형제들에 대한 우리의 진심을 솔직히
드러낼 수 있는 자유가 그 어떤 형제들로 인해서도 무시되거나 나
쁘게 말하여지지 않기를 소망합니다. 물론 우리의 신앙과 실천은
성경의 근거 위에 있습니다. 만약 우리의 신앙의 원리와 실천이 공
정하게 판단 받고 우리가 지금까지 출판해 낸 모든 책을 따라서 형
제들에게 판단 받는다면, 우리의 모든 목적은 이루어진 것입니다.
(불꽃같은 눈을 가지신) 주님께서는 우리가 마음으로 확고히 믿고 진정
으로 우리의 삶을 일치시키고자 하는 내용이 교리가 되었다는 것을
아십니다. 복된 구속자의 이름을 부르는 모든 사람의 유일한 관심
과 논쟁은 하나님과 함께 겸손히 걷고 우리 각 사람에게 향한 모든
사랑과 자비로움을 경험하고 하나님을 두려워함 안에서 거룩을 완
벽하게 하여 서로가 복음에 합당한 교제를 위해 노력해 나가는 것
입니다. 그리고 다른 논쟁들은 그만두어야 합니다. 그리고 또한 유
일한 관심과 논쟁은 자리와 능력에 맞게 하나님, 우리 아버지께서
보시기에 참되고 순수한 신앙이 다른 사람들 안에 활발하게 일어

나도록 하는 것입니다. 그리고 믿음이 약한 시대에, 우리는 다른 사람들의 악한 행동들을 쓸데없이 비난하는 말을 하지 말아야 합니다. 그러나 우리 자신의 마음과 방식들을 먼저 개혁하기 위해서, 모든 사람은 자기 안에서부터 시작해야 할 것입니다. 그런 후에 우리가 영향을 미치는 모든 사람들을 재촉하여 같은 일을 하도록 독려할 것입니다. 만약 하나님의 뜻이 이와 같다면, 단 한 사람도 경건의 능력, 즉 스스로 고백한 진리에 대한 내적 경험도 없는 경건의 모양만을 의지하고 신뢰하는 것으로 자기 자신을 속일 수 없습니다.

그리고 실제로 오늘날 신앙이 쇠퇴하고 있는 하나의 이유가 있습니다. 그래서 우리는 이 원인을 다루지 않을 수 없고 이를 바로 잡으려고 성실히 노력해야 합니다. 바로 이 원인은 가정을 책임지고 이끄는 사람들에 의해서 가정에서 하나님을 예배하는 것이 무시되는 것입니다. 그들 모두가 무지하지 않고, 변덕스럽지 않길 바랍니다. 다른 사람들의 불경건함에 대한 책임은 부모와 스승에게 지워야합니다. 누가 자녀들이 어렸을 때 그들이 마땅히 가야할 길을 훈련시키지 않았습니까? 자녀들은 주님께서 명하셔서 항상 지켜야하는 엄중한 명령들을 등한시해왔습니다. 이 명령들이 문답으로 가르쳐지고 교육되어져서 자녀들의 어린 시절에 성경에 계시된 하나님의 진리의 지식으로 그들은 단련되어 있어야 했습니다. 그리고 누가 가정에서 기도를 빠뜨리고 신앙의 의무들을 행하지 않고

대화도 소홀히 생각하는 나쁜 모범으로 자녀들이 처음으로 자연스럽게 모든 경건과 신앙을 무시하고 멸시하도록 해왔습니까? 우리는 이 사실이 자녀들의 무지나 약함에 변명이 되지 않는다는 것을 알고 있습니다. 그러나 분명히 이 사실이 자녀들을 짓눌러 이런 잘못된 일들을 일어나게 했을 것입니다. 자녀들은 실제로 자신들의 죄 가운데 죽습니다. 그러나 부모와 스승의 돌봄 아래 있었던 자녀들의 피 값을 그들에게 요구하지 않겠습니까? 그들은 자녀들이 멸망의 길로 나아가는 것을 경고 없이 허락했습니까? 그렇습니다. 그들은 자녀들을 멸망의 길로 인도했습니다. 과거에 부모와 스승은 자신들의 의무들을 그리스도인으로서 성실히 감당하지 못했기에 그 성실하지 못함이 심판대에 올라가지 않겠습니까? 그리고 지금은 존경을 받고 있는 많은 사람들도 그리스도인으로서 성실하지 못했다는 이유로 정죄를 받지 않겠습니까?

우리는 모든 은혜의 하나님께서 성령님을 우리에게 충만하게 부어주시길 진심으로 기도하고, 진리의 고백이 올바른 신앙을 수반하고 우리가 부지런히 신앙을 실천하길 기도하며, 모든 일에 있어서 예수 그리스도 우리 주님을 통해 하나님의 이름이 영광 받으시길 기도하며 마칩니다. 아멘.

런던과 영국에서

자신의 신앙고백 위에서 침례 받은

신자들로 구성된

많은 교회의 목회자들과 형제들이 작성한

신앙고백서

*

사람이 마음으로 믿어 의에 이르고 입으로 시인하여

구원에 이르느니라(롬 10:10)

성경을 연구하라(요 5:39)

제1장 성경에 관하여

of the Holy Scriptures

1 성경은 구원에 이르게 하는, 모든 지식과 믿음 그리고 순종에 있어서 충분하고 확실하며 신뢰할 수 있는 유일한 규칙이다.[1] 비록 자연의 빛, 창조와 섭리는 하나님의 선하심과 지혜 그리고 능력을 사람이 핑계치 못할 만큼 명백하게 드러내지만, 이 것들은 구원에 필요한, 하나님과 그분의 뜻에 관한 지식을 충분하게 전해주지는 못한다.[2] 그러므로 주님께서는 여러 시대에 다채로운 방식들로 교회에게 스스로를 드러내시고 자신의 뜻을 선포하시는 것을 즐거워하셨다.[3] 그 후 진리를 더 잘 보존하고 전파하시기 위해 그리고 육적 부패와 사탄과 세상의 악의에 대항해 교회를 더 굳건히 세우고 위로하기 위해 바로 그 진리를 모두 기록하도록 하시기를 즐거워하셨다. 그리고 성경은 가장 필수적인 것이 되었다. 하나님께서 자신의 뜻

을 자기 백성에게 계시하시던 이전의 방법들은 이제 중단되었다.[4]

1 딤후 3:15-17, 사 8:20, 눅 16:29, 31, 엡 2:20
2 롬 1:19-21, 롬 2:14-15, 시 19:1-3
3 히 1:1
4 잠 22:19-21, 롬 15:4, 벧후 1:19-20

2 성경 즉 기록된 하나님의 말씀이라는 명칭 아래 이제는 구약과 신약의 모든 책이 포함되어 있다. 이 책은 다음과 같다.

구약 창세기, 출애굽기, 레위기, 민수기, 신명기, 여호수아, 사사기, 룻기, 사무엘상, 사무엘하, 열왕기상, 열왕기하, 역대상, 역대하, 에스라, 느헤미야, 에스더, 욥기, 시편, 잠언, 전도서, 아가, 이사야, 예레미야, 예레미야애가, 에스겔, 다니엘, 호세아, 요엘, 아모스, 오바댜, 요나, 미가, 나훔, 하박국, 스바냐, 학개, 스가랴, 말라기.

신약 마태복음, 마가복음, 누가복음, 요한복음, 사도행전, 로마서, 고린도전서, 고린도후서, 갈라디아서, 에베소서, 빌립보서, 골로새서, 데살로니가전서, 데살로니가후서, 디모데전서, 디모데후서, 디도서, 빌레몬서, 히브리서, 야고보서, 베드로전서, 베드로후서, 요한1서, 요한2서, 요한3서, 유다서, 요한계시록.

이 모든 책은 하나님의 영감으로 주어진 것이며, 신앙과 생활
의 규칙이다.[5]

5 딤후 3:16

3 일반적으로 외경이라고 불리는 책들은 하나님의 영감에 속한
것이 아니기에 정경, 규칙의 일부는 아니다. 그러므로 외경은
하나님의 교회에 대하여 그 어떠한 권위도 없고, 다른 어떤 사
람의 저작물들보다 더 뛰어난 것으로 인정받지도 못하며 더
유용하지도 않다.[6]

6 눅 24:27, 44, 롬 3:2

4 사람이 마땅히 인정해야 하는 성경의 권위는 사람이나 교회
의 진술에 달려 있는 것이 아니라 전적으로 성경의 저자이신
(진리 그 자체이신) 하나님께 달려있다. 그러므로 성경이 받아들
여져야만 하는 까닭은 성경이 하나님의 말씀이기 때문이다.[7]

7 벧후 1:19-21, 딤후 3:16, 살전 2:13, 요일 5:9

5 우리는 교회의 증언에 감화를 받아 성경을 지극히 높고 귀하게 여긴다. 성경내용의 신성함과 가르치기에 유익함, 문체의 장엄함과 모든 부분의 일치, (하나님께 모든 영광을 돌리는) 전체의 범위, 사람을 구원하는 유일한 방식을 완전히 드러냄 그리고 그 밖의 다른 것들과는 비교할 수 없을 만큼의 탁월함과 흠 없는 완벽함은 성경이 스스로 하나님의 말씀임을 충분히 증거하는 근거들이다. 그럼에도 불구하고, 우리가 성경의 무오한 진리와 성경의 신적 권위를 전적으로 믿고 확신하는 것은 우리의 마음 안에서 말씀을 사용하시고 그 말씀과 더불어 증거하시는 성령님의 내적 사역에서 나온다.[8]

8 요 16:13-14, 고전 2:10-12, 요일 2:20-27

6 성경에는 하나님 자신의 영광, 사람의 구원, 신앙과 생활에 필요한 모든 것에 관한 하나님의 전체 뜻이 명확하게 기록되어 있고 이 모든 것이 필수적으로 포함되어 있다. 어느 시대에도, 그 어떤 것도 더해져서는 안 된다. 그것이 성령님의 새로운 계시이거나, 사람의 전통이라도 말이다.[9]

그럼에도 불구하고 우리가 말씀으로 계시된 것들을 구원하는 것으로 이해하기 위해서, 우리는 성령님의 내적 조명이 반드시 필요하다는 것을 인정한다.[10] 그리고 우리는 하나님을 예배하는 것과 교회의 정치와 관련된 몇몇 문제들이 사람의 행동들과 사회 공동체들과 공통된 부분이 있음을 인정하고, 이런 문제들을 항상 지켜야하는 말씀의 일반규칙을 따라 그리고 자연의 빛과 그리스도인의 현명함으로써 결정해야 한다.[11]

9 딤후 3:15-17, 갈 1:8-9
10 요 6:45, 고전 2:9-12
11 고전 11:13-14, 14:26, 40

7 성경의 모든 내용이 그 자체로 모든 사람에게 똑같이 쉽거나 명확하지는 않다.[12] 그렇지만 구원을 위해 반드시 알아야 하고 믿어야 하고 지켜야 하는 내용들은 성경 곳곳에 아주 분명하게 제시되고 드러나기 때문에 배운 사람뿐 아니라 그렇지 않은 사람도 평범한 수단을 적절히 사용하면 그 내용을 충분히 이해하는 경지에 도달할 수 있다.[13]

12 벧후 3:16
13 딤후 3:15-17

8 (하나님의 옛 백성의 모국어인) 히브리어로 기록된 구약성경과[14] (신약성경이 기록될 당시 그 민족에게 가장 일반적으로 사용된) 헬라어로 기록된 신약성경은 하나님의 직접적인 영감을 받았고 그분의 특별한 보살핌과 섭리로 모든 시대에 그 순수함이 유지되었기에 신뢰할만한 것이다. 그래서 종교의 모든 논쟁에 있어서 교회는 최종적으로 성경에 호소해야 한다.[15] 그러나 성경에 대한 권리가 있고 하나님을 두려워하는 마음으로 성경을 읽고[16] 연구하도록[17] 명령받은 모든 하나님의 백성이 이러한 원어를 모르기 때문에, 성경은 하나님의 백성들이 사용하는 각 민족의 언어로 번역되어야만 한다.[18] 그렇게 함으로써 하나님의 말씀이 모든 백성에게 풍부하게 거하여, 그들이 하나님께서 받으실 만한 방식으로 예배할 것이고 성경을 성실히 읽고 성경이 주는 위로를 받음으로써 소망을 품게 될 것이다.[19]

14 롬 3:2
15 사 8:20
16 행 15:15
17 요 5:39, 46
18 고전 14:6, 9, 11, 12, 24, 28
19 롬 15:4, 골 3:16

9 성경을 해석하는 무오한 규칙은 성경 그 자체이다. 그러므로 어떤 성경구절이 가지는 참되고 충분한 의미에 대해서 의문이 들 때(성경의 참 의미는 여러 가지가 아니라 한 가지다), 그 의문은 반

드시 더 분명하게 말하는 다른 구절들에 의해 확인되어져야
한다.[20]

20 벧후 1:20-21, 행 15:15-16

10 최고 재판관, 그 재판관으로 인해 종교에 관한 모든 논쟁은 결
정되어야만 하고 종교회의의 모든 결정사항과 옛 저자들의
의견들과 사람의 가르침 그리고 개인의 사상들이 검토되어
져야만 한다. 모든 논쟁 안에서 우리가 의지해야만 하는 최고
재판관은 그 어떤 것도 아닌 성령님께서 전해주신 성경이어
야만 한다. 그리고 성경이 최고 재판장 자리에 앉아서 우리의
신앙을 최종적으로 결정한다.[21]

21 마 22:29, 31-32, 행 28:23-25, 엡 2:20

제2장 하나님과 삼위일체에 관하여

of God and the Holy Trinity

1 주 우리 하나님께서는 살아계시고 참되신 오직 한 분 하나님이시다.[1] 하나님의 본체는 그 자체로 그리고 스스로 존재와 완전에 있어서 무한하시다.[2] 하나님의 본체는 하나님 자신을 제외한 그 누구에 의해서도 가늠될 수 없다.[3] 하나님께서는 가장 순수한 영이시고,[4] 보이지 아니하시고, 육체도, 부분들도, 정욕도 없으시며, 불멸하시고 그 어떤 사람도 도달할 수 없는 빛 안에 거하신다.[5] 그리고 하나님께서는 불변하시고[6] 광대하시고[7] 영원하시고[8] 측량할 수 없으시며 전능하시고,[9] 모든 면에서 무한하시고 가장 거룩하시고[10] 가장 지혜로우시고 가장 자유로우시고 가장 절대적이시다. 그리고 하나님께서는 모든 일을 자신의 영광을 위해[11] 자신의 불변하고 가장 의로운 의지의 계획을 따라 행하신다.[12] 그리고 하나님께서는 지극히

사랑하시고 은혜로우시며 자비로우시고 오래 참으시고 선과 진리가 충만하시고 부정과 불법과 죄를 용서하신다. 그리고 하나님께서는 자신을 부지런히 찾는 자들에게 상주시는 분이시고[13] 더욱이 자신의 심판에 있어서 가장 의로우시고 엄격하시며,[14] 모든 죄를 미워하시고[15] 죄의 책임을 결코 면제해주시지 않으신다.[16]

1 고전 8:4-6, 신 6:4	**9** 창 17:1
2 렘 10:10, 사 48:12	**10** 사 6:3
3 출 3:14	**11** 잠 16:4, 롬 11:36
4 요 4:24	**12** 시 115:3, 사 46:10
5 딤전 1:17, 신 4:15-16	**13** 출 34:6-7, 히 11:6
6 말 3:6	**14** 느 9:32-33
7 왕상 8:27, 렘 23:23	**15** 시 5:5-6
8 시 90:2	**16** 출 34:7, 나 1:2-3

2 하나님께서는 자기 자신 안에 그리고 스스로 모든 생명과[17] 영광과[18] 선과[19] 복을 가지고 계시고, 하나님만이 그 자체로 그리고 스스로 완전히 충분하시고, 자신이 만든 그 어떤 피조물도 필요치 않으시고 또한 피조물로부터 그 어떤 영광도 취하실 필요가 없으시며[20] 오히려 자기 자신의 영광을 피조물 안에, 피조물에 알맞게, 피조물에게, 피조물 위에 나타내신다. 하나님께서는 모든 존재의 유일한 근원이시다. 모든 것은

그분에게서 나왔고 그분을 통하며 그분께로 귀결된다.[21] 하나님께서는 자신이 기뻐하시는 것은 무엇이든지 모든 피조물에 의하여, 모든 피조물을 위하여, 모든 피조물을 지배 아래 두시고 행하실 최고의 주권을 가지고 계신다.[22] 하나님의 눈앞에는 모든 것이 드러나 명백하고,[23] 하나님의 지식은 무한하고 무오하며 피조물에게 의존하지 않으신다. 그렇기에 하나님께는 그 어떤 것도 우발적이거나 불확실한 것은 없다.[24] 하나님의 모든 계획과 모든 일과 모든 명령은 지극히 거룩하다.[25] 피조물로서 그들이 의무적으로 창조주께 마땅히 드려야하는 모든 경배나 예배 또는 섬기는 모든 일과 하나님께서 그들에게 즐거이 요구하시는 모든 것은 천사들과 사람들로부터 하나님께 합당하게 드려져야 한다.[26]

17 요 5:26

18 시 148:13

19 시 119:68

20 욥 22:2-3

21 롬 11:34-36

22 단 4:25, 34-35

23 히 4:13

24 겔 11:5, 행 15:18

25 시 145:17

26 계 5:12-14

3   이 신성하고 무한하신 존재 안에는 하나의 실체와 능력과 영원하심을 가진 성부, 말씀이신 성자, 성령 세 위격이 있다.[27] 그리고 각 위격은 완전한 신적 본질을 가지고 있으나 그 본질

은 나뉘지 않는다.[28] 성부께서는 출생도 발출도 아닌 그 어떤 기원도 없으시다. 성자께서는 성부로부터 영원히 나셨다.[29] 성령께서는 성부와 성자로부터 발출되셨다. 이 세 위격 모두 무한하시고 시작이 없다.[30] 그러므로 한 분 하나님께서는 본질과 존재에 있어서 분리될 수 없지만, 몇몇 특정한 관계적 특징들과 인격적 관계들에 의해 구별된다. 이 삼위일체 교리는 하나님과 우리의 모든 교제의 근거이고, 하나님께 평안히 의존하는 토대가 된다.

27 요일 5:7, 마 28:19, 고후 13:14
28 출 3:14, 요 14:11, 고전 8:6
29 요 1:14-18
30 요 15:26, 갈 4:6

제3장 하나님의 작정에 관하여

of God's Decree

1　하나님께서는 영원 전부터 자신 안에서 자기 의지의 가장 지혜롭고 거룩한 계획을 따라 일어날 어떤 일이라도 그 모든 것을 자유롭고 변함없도록 작정하셨다.[1] 하지만 그렇다고 해서 하나님께서 죄의 저자도 아니시고 죄 안에 있는 누군가와 교제하지도 않으시며[2] 또한 피조물의 의지와 충돌하지 않으시고 제2원인들의 자유, 즉 우발성을 제거하지 않으시고 오히려 확립하신다.[3] 이런 식으로 모든 것을 적소에 놓으신 것에서 하나님의 지혜가 드러나고, 하나님의 작정이 성취된 것에서 능력과 신실함이 드러난다.[4]

1 사 46:10, 엡 1:11, 히 6:17, 롬 9:15, 18

2 약 1:13, 17, 요일 1:5

3 행 4:27, 28, 요 19:11

4 민 23:19, 엡 1:3-5

2   하나님께서는 가정된 모든 조건 위에서 일어날 수 있거나 일어날 모든 일을 알고계시지만,[5] 앞날 즉, 이러한 조건에서 일어날 일을 미리 아셨기 때문에 작정하신 것은 아니다.[6]

5 행 15:18
6 롬 9:11, 13, 16, 18

3   몇몇 사람들과 천사들은 하나님의 작정에 의해, 하나님의 영광을 나타내기 위해 예정되어 있다. 다시 말하면 이들은 예수 그리스도를 통하여 영생으로 미리 정해지고[7] 하나님의 영광스러운 은혜를 찬양하게 된다.[8] 다른 사람들과 천사들은 자신들의 죄 안에서 행하도록 버림받고, 정당한 유죄판결을 받아 하나님의 영광스러운 공의를 찬양하게 된다.[9]

7 딤전 5:21, 마 25:34
8 엡 1:5-6
9 롬 9:22-23, 유 4

4 이렇게 미리 예정되고 정해진 천사들과 사람들은 특별히 그리고 변함없게 계획된 것이다. 그리고 그들의 수는 확정되고 결정되어 있어서 증가되거나 감소될 수 없다.[10]

10 딤후 2:19, 요 13:18

5 하나님께서는 인류 가운데서 생명으로 예정된 사람들을 세상의 기초가 놓여지기 전에 자신의 영원하고 불변한 목적과 은밀한 계획과 자신의 뜻의 선하고 기뻐하심을 따라 그리스도 안에서 영원한 영광으로 선택하셨다. 그리고 하나님께서는 오직 자신의 값없는 은혜와 사랑으로 그들을 선택하셨다.[11] 하나님을 그렇게 움직이게 하는 조건이나 원인이 되는 다른 어떤 것도 피조물 안에서는 없다.[12]

11 롬 9:13, 16, 엡 1:6, 12
12 엡 1:4, 9, 11, 롬 8:30, 딤후 1:9, 살전 5:9

6 하나님께서는 그가 택자들을 영광에 이르도록 정하신 것처럼, 자기 의지의 영원하고 지극히 자유로운 목적으로 그 영광에 이르게 하는 모든 수단을 미리 정해놓으신다.[13] 이런 까닭으로 아담 안에서 타락한 사람들 중에 선택받은 사람들은 그

리스도로 인해 구속되고,[14] 정해진 시기에 성령님의 사역으로 유효한 소명을 받아 그리스도를 믿게 되고, 칭의되고, 양자되고, 성화되고,[15] 그리스도의 능력으로 믿음을 통하여 구원에 이르도록 보호 받는다.[16] 오직 택자를 제외한 다른 어떤 사람들도 그리스도로 인한 구속과 유효한 소명과 칭의와 양자됨과 성화와 구원을 받지 못한다.[17]

13 벧전 1:2, 살후 2:13

14 살전 5:9-10

15 롬 8:30, 살후 2:13

16 벧전 1:5

17 요 10:26, 요 17:9, 요 6:64

7 매우 신비한 이 예정교리는 특히 주의를 기울여 신중하게 다루어져야만 한다. 하나님의 말씀에 계시된 하나님의 뜻에 주의하고 순종하는 사람들은 자신들이 받은 유효한 소명의 확실성으로부터 영원한 선택을 받았다는 사실을 확신할 수 있다.[18] 따라서 이 교리는 필연적으로 하나님을 찬송하게 하고 경외하게하며 존경하도록 하고[19] 복음에 진심으로 순종하는 모든 사람들에게 겸손과[20] 부지런함과 넘치는 위로를 제공한다.[21]

18 살전 1:4-5, 벧후 1:10

19 엡 1:6, 롬 11:33

20 롬 11:5-6

21 눅 10:20

제4장 창조에 관하여

of Creation

1 태초에 성부와 성자 그리고 성령께서는[1] 영원한 능력과 지혜 그리고 선하심의 영광을 드러내시기 위해[2] 이 세상과 그 안의 모든 것, 즉 보이는 것들과 보이지 않는 것들을[3] 6일 동안 매우 선하게 창조하기를 즐거워하셨다.

1 요 1:2-3, 히 1:2, 욥 26:13
2 롬 1:20
3 골 1:16, 창 2:1-2

2 하나님께서 다른 모든 피조물을 만드신 후에 사람, 즉 남자와 여자를 창조하셨다.[4] 이성적이고 불멸한 영혼을 가진[5] 존재로 그들을 창조하셨고 창조된 목적에 맞게 하나님께 속한 삶을

살기에 적합하게 하셨다. 그들은 지식과 의와 참 거룩에 있어서 하나님의 형상을 따라 지음 받았고[6] 자신의 마음에 새겨진 하나님의 법을 가지고 있었으며[7] 그 법을 만족시킬 능력도 있었다. 하지만 그들의 의지는 범죄할 가능성 아래 있었다. 다시 말해, 범죄할 가능성은 그들 자신의 의지의 자유에 맡겨져 있어서, 변화의 가능성이 있었다.[8]

4 창 1:27
5 창 2:7
6 전 7:29, 창 1:26
7 롬 2:14, 15
8 창 3:6

3 그들의 마음에 새겨진 법 이외에도, 그들은 선악을 알게 하는 나무의 열매를 먹지 말라는 명령을 받았다.[9] 그들이 이 명령을 지킬 동안에, 그들은 하나님과 교제 하면서 행복을 누렸고 피조물들을 다스릴 권한을 가지고 있었다.[10]

9 창 2:17
10 창 1:26-28

제5장 하나님의 섭리에 관하여

of Divine Providence

1 만물의 선한 창조자 하나님께서는 자신의 무한한 능력과 지혜로 모든 피조물과 모든 일을 붙드시고 이끄시고 적소에 놓으시고 다스리신다.[1] 하나님께서는 자신의 최고의 지혜와 거룩한 섭리로 가장 큰 것에서 가장 작은 것에 이르기까지[2] 모든 피조물을 창조된 목적에 이르게 하신다. 이는 하나님 자신의 무오한 예지와 자신의 의지의 자유롭고 불변한 계획에 따른 것이다.[3] 이로써 모든 피조물이 하나님의 지혜와 능력과 공의 그리고 무한한 선하심과 자비의 영광을 찬양하게 하신다.

1 히 1:3, 욥 38:11, 사 46:10-11, 시 135:6
2 마 10:29-31
3 엡 1:11

2   제1원인이신 하나님의 예지와 작정에 따라 모든 일이 불변하게 그리고 무오하게 발생한다.[4] 따라서 우연히, 즉 하나님의 섭리 밖에서 일어나는 일은 아무 것도 없다.[5] 그렇지만 하나님께서는 이와 동일한 섭리로 제2원인들의 본성을 따라, 즉 필연적으로나 자유롭게 혹은 우발적으로 그것들이 발생하도록 정하셨다.[6]

4 행 2:23
5 잠 16:33
6 창 8:22

3   하나님께서는 자신의 일반섭리 안에서 수단을 사용하시지만,[7] 그 수단 없이,[8] 그 수단을 초월해서,[9] 그 수단을 거슬러서[10] 자신이 즐거워하시는 대로 자유롭게 행하신다.

7 행 27:31, 44, 사 55:10-11
8 호 1:7
9 롬 4:19-21
10 단 3:27

4 하나님의 전능하신 능력과 헤아릴 수 없는 지혜 그리고 무한한
선하심은 섭리 안에 잘 나타난다. 이는 하나님께서 결정하신
계획이 천사들과 사람들의 첫 타락과 다른 모든 죄악된 행동들
에까지 미치고 있다는 것이다.[11] 이는 단순한 허용에 의한 것이
아니라 최고의 지혜와 능력으로 제한하시고 명령하시고 통치
하시는 허용에 의한 것이다.[12] 이는 여러 방식으로 자신의 가장
거룩한 목적에 이르기 위한 것이다.[13] 그렇지만 그들의 죄악된
행위들은 오직 그들로부터 시작된 것이지 하나님으로부터 시
작된 것은 아니다. 하나님께서는 가장 거룩하고 의로우시므로
죄의 저자도 승인자도 아니며 그러실 수도 없으시다.[14]

11 롬 11:32-34, 삼하 24:1, 대상 21:1
12 왕하 19:28, 시 76:10
13 창 50:20, 사 10:6-7, 12
14 시 50:21, 요일 2:16

5 가장 지혜로우시고 의로우시고 영광스러우신 하나님께서는
때때로 잠시 동안 자신의 자녀들을 여러 유혹들과 그들 자신
의 마음의 부패들에 내버려 두서서, 이전의 죄들에 합당한 벌
을 주시거나 마음에 감춰진 부패의 힘과 부정직함을 발견하게
하시어 그들을 겸손하게 하신다.[15] 그리고 하나님께서는 자녀
들을 일으키시어 자신들의 필요를 위해 더욱 철저하고 지속적

으로 하나님께 의존하게 하고 장래에 일어날 모든 죄를 더 경계하도록 하시고 다른 의롭고 거룩한 목적들을 추구하도록 만드신다. 그러므로 택자에게 일어나는 모든 일은 하나님의 영광과 그들의 유익을 위한[16] 하나님의 정하심에 의한 것이다.

15 대하 32:25-26, 31, 삼하 24:1, 고후 12:7-9
16 롬 8:28

6 악하고 불경건한 사람들에 대한 의로우신 바로 그 재판장이신 하나님께서는 이전의 죄로 인해 그들을 눈멀게 하시고 마음을 강퍅케 하신다.[17] 악한 자들에게 하나님께서 은혜를 베풀지 않으셔서 그들은 멋대로 생각하여 깨닫고 마음대로 행동한다.[18] 뿐만 아니라 때때로 하나님께서는 그들이 가진 은사들을 거두기도 하시고[19] 그들의 부패가 하는 일이 죄 짓는 기회를 만들어 내는 것이라는 사실을[20] 그들 앞에 두어 보게 하신다. 게다가 하나님께서는 악한 자들을 그들 자신의 욕망과 세상의 유혹들 그리고 사탄의 권세에 넘기신다.[21] 이로 인하여 그들은 하나님께서 다른 사람들의 마음을 부드럽게 하기 위해 사용하시는 수단들 아래서도 스스로를 강퍅하게 만들게 된다.[22]

17 롬 1:24, 26, 28, 11:7-8
18 신 29:4
19 마 13:12
20 신 2:30, 왕하 8:12-13
21 시 81:11-12, 살후 2:10-12
22 출 8:15, 32, 사 6:9-10, 벧전 2:7-8

7 하나님의 섭리가 일반적으로 모든 피조물에게 미치는 것처럼, 더욱 특별한 방식으로 하나님의 교회를 보살피고 교회의 유익을 위해 모든 것을 처리한다.[23]

[23] 딤전 4:10, 암 9:8-9, 사 43:3-5

제6장 사람의 타락과 죄와 그 형벌에 관하여

of the Fall of Man, of Sin and of the Punishment thereof

1 비록 하나님께서 사람을 바르고 완벽하게 창조하셨고 의로운 법을 주셔서 그 법을 지키면 생명에 이르고 어기면 죽음이라고 경고하셨지만,[1] 사람은 이 명예로운 상태에 오래 거하지 못하였다. 사탄은 뱀의 교활함을 이용하여 하와를 굴복시킨 후 하와가 아담을 부추기게 했다. 아담이 그 어떤 강요도 받지 않고 자발적으로 금지된 열매를 먹었을 때, 그는 그들의 창조의 법과 그들에게 주어진 명령을 어긴 것이다.[2] 하나님께서는 자신의 지혜롭고 거룩한 계획을 따라 그렇게 허용하시길 즐거워하셨고 자신의 영광을 위해 그것을 정하기로 결심하셨다.

1 창 2:16-17
2 창 3:12-13, 고후 11:3

2 우리의 첫 조상들은 이 죄로 인하여 자신들의 본래의 의로움과 하나님과의 교제에서 떨어졌다. 그들 안에서 우리도 그렇게 되었고 그로 인해 죽음이 우리 모두에게 임하게 되었다.[3] 모든 사람이 죄 가운데 죽은 상태가 되었고,[4] 영혼과 육의 모든 기능과 부분에 있어서 전적으로 더럽혀졌다.[5]

3 롬 3:23
4 롬 5:12
5 딛 1:15, 창 6:5, 렘 17:9, 롬 3:10-19

3 우리의 첫 조상들은 모든 인류의 뿌리였고, 하나님의 정하심으로 모든 인류를 대신하여 서 있었기에, 일반출생으로 그들로부터 내려오는 모든 후손에게 죄의 책임이 전가되었고 부패한 본성이 전달되었다.[6] 이제는 주 예수님께서 그들을 자유하게 하시지 않는 한, 그들은 죄 가운데 잉태되고[7] 본질상 진노의 자녀들이고[8] 죄의 노예들이며 죽음의 지배를 받는 자들이고,[9] 다른 모든 비참들을[10] 영적으로, 이 세상에서 그리고 영원히 겪게 된다.

6 롬 5:12-19, 고전 15:21-22, 45, 49
7 시 51:5, 욥 14:4
8 엡 2:3
9 롬 6:20, 5:12
10 히 2:14, 살전 1:10

4 이 원래의 부패로 인해 우리는 모든 선을 전적으로 싫어하게
되었고, 선에 대해 무능하게 되었고, 선을 반대하게 되었으
며,[11] 모든 악으로 완전히 기울어졌고 이 원래의 부패로부터
모든 실제적인 범죄가 일어나게 된다.[12]

11 롬 8:7, 골 1:21
12 약 1:14-15, 마 15:19

5 이 본성의 부패는 이 생애를 살아가는 동안 거듭난 사람들 안
에 남아 있다.[13] 그리고 비록 그 부패가 그리스도를 통하여 용
서받고 억제되었지만 부패 그 자체와 부패의 첫 번째 충동들
은 실제로 틀림없이 죄이다.[14]

13 롬 7:18, 23, 전 7:20, 요일 1:8
14 롬 7:24-25, 갈 5:17

제7장 하나님의 언약에 관하여

of God's Covenant

1   하나님과 피조물 간의 차이는 굉장히 커서, 비록 이성적인 피조물들이 자신의 창조자에게 순종의 의무를 다할지라도, 하나님 편에서 자발적으로 낮아지시지 않고서는 그들은 결코 생명을 보상으로 받을 수 없다.[1] 하나님께서는 언약의 방법으로 낮아지심을 드러내시길 즐거워 하셨다.

1 눅 17:10, 욥 35:7-8

2   더욱이 사람은 타락으로 인해 스스로 그 법의 저주 아래로 들어갔기 때문에, 하나님께서 은혜언약 맺으시기를 기뻐하셨다.[2] 하나님께서 은혜언약 안에서 예수 그리스도가 획득한 생명과 구원을 죄인들에게 값없이 주시고, 그들을 구원하시기

위해 그들에게 예수 그리스도를 믿는 믿음을 요구하신다.[3] 그리고 하나님께서 영원한 생명으로 정해진 모든 사람에게 성령을 주셔서 그들로 하여금 믿기 원하고 믿을 수 있도록 만들어 주신다고 약속하셨다.[4]

2 창 2:17, 갈 3:10, 롬 3:20-21
3 롬 8:3, 막 16:15-16, 요 3:16
4 겔 36:26-27, 요 6:44-45, 시 110:3

3 이 언약은 복음으로 계시되었다. 이 언약은 가장 먼저 아담에게 여자의 후손으로 말미암는 구원의 약속으로 주셨다.[5] 그 후 신약성경 안에서 그 언약이 완전히 드러나 성취되기 전까지 점진적으로 드러났다.[6] 그리고 이 언약은 택자들의 구속에 대한 성부와 성자 사이의 영원한 언약 합의에 기초한 것이다.[7] 타락한 아담의 구원받은 모든 자손이 생명, 복된 영생을 얻는 것은 오직 이 언약의 은혜로 인한 것이다.[8] 이제 아담이 무죄상태에 서 있었던 조건 위에서는 사람은 하나님께 받아들여지는 것에 있어서 전적으로 무능력하다.

5 창 3:15
6 히 1:1
7 딤후 1:9, 딛 1:2
8 히 11:6, 13, 롬 4:1-2, 행 4:12, 요 8:56

제8장 중보자 그리스도에 관하여

of Christ the Mediator

1 하나님께서는 자신의 영원한 목적 안에서 자신의 독생자 주 예수님을 두 분 간에 맺으신 언약을 따라 하나님과 사람 사이의 중보자,[1] 선지자,[2] 제사장,[3] 왕,[4] 교회의 머리와 구원자와[5] 모든 것의 상속자[6] 그리고 세상의 심판자로[7] 선택하시고 정하시기를 기뻐하셨다. 하나님께서는 영원 전부터 아들에게 한 백성을 주어 그 백성을 그의 자녀가 되게 하셨고, 곧 아들로 그들이 구속받았고, 즉 부르심을 받았고 칭의 받았고 성화 받았으며 영화롭게 함을 받았다.[8]

1 사 42:1, 벧전 1:19-20

2 행 3:22

3 히 5:5-6

4 시 2:6, 눅 1:33

5 엡 1:23

6 히 1:2

7 행 17:31

8 사 53:10, 요 17:6, 롬 8:30

2 하나님의 아들, 거룩한 삼위일체의 제2격은 참되고 영원한 하나님이시며 아버지의 영광의 광채 그리고 세상을 만드시고, 그 만드신 모든 것들을 붙드시고 다스리시는 하나님과 한 본질이시며 동일하시다. 때가 차매 사람 본성의 모든 기본적인 속성과 일반적인 나약함을 취하셨으나[9] 죄는 없으시다.[10] 성령님께서 동정녀 마리아에게 임하셨고 지극히 높으신 능력이 마리아를 덮음으로 동정녀 마리아에게서 성령으로 잉태되셨다. 성경에 따라 유다 지파 여자에게서[11] 아브라함과 다윗의 자손으로 나셨다. 따라서 완전하고 완벽한 그리고 구별되는 두 본성이 한 인격 안에 연합되어 있지만 서로 분리되지 않고 전환이나 혼합이나 혼동이 없다. 이 인격은 참 하나님이시고 참 사람이신데 한 분 그리스도이시며 하나님과 사람 사이의 유일한 중보자이시다.[12]

9 요 1:14, 갈 4:4
10 롬 8:3, 히 2:14, 16, 17, 히 4:15
11 눅 1:27, 31, 35
12 롬 9:5, 딤전 2:5

3 이렇게 신성에 연합된 인성, 즉 성자의 위격이신 주 예수님께서는 성령으로[13] 측량할 수 없을 만큼 거룩하게 되고 기름부음을 받아 지혜와 지식의 모든 보물을 자기 자신 안에 가지셨

다.[14] 하나님께서는 예수님 안에 모든 충만함이 있는 것을 기뻐하셨다.[15] 주 예수님께서 끝까지 거룩하시고 흠이 없으시고 순결하시며[16] 은혜와 진리가 충만하셔서[17] 중보자와 보증자의 직분을 행하기 위해 철저히 준비되셨다.[18] 이 직분을 예수님께서 스스로 취한 것이 아니라 성부의 부르심에 의한 것이었다.[19] 또한 성부께서는 모든 권한과 심판을 예수님의 손에 맡기셨고 예수님에게 그 일을 수행하라는 명령을 주셨다.[20]

13 시 45:7, 행 10:38, 요 3:34
14 골 2:3
15 골 1:19
16 히 7:26
17 요 1:14
18 히 7:22
19 히 5:5
20 요 5:22, 27, 마 28:18, 행 2:36

4 이 직분을 주 예수님께서 아주 기꺼이 맡으셨다.[21] 이 직분을 수행하기 위하여 예수님께서는 법 아래 나셨고 그 법을 완벽하게 이루셨다.[22] 우리가 마땅히 받고 당해야 할 형벌을 겪으셔서[23] 우리를 대신하여 죄와 저주가 되셨다.[24] 예수님께서는 영혼으로는 가장 극심한 슬픔들을 견디셨고[25] 육신으로는 가장 아픈 고통들을 견디셨다. 예수님께서 십자가에 달리셨고 죽으셨고 죽음의 상태에 머물러 계셨으나 그 어떤 부패도 없었다.[26] 셋째 날 예수님께서 고통을 겪었던 동일한 그 육신으로[27] 죽음에서 일어나셨고[28] 또한 그 동일한 육신으로 하늘에

올라가셨고[29] 성부의 우편에 앉으셔서 중재하시고[30] 세상 마지막 날 사람들과 천사들을 심판하시러 다시 오실 것이다.[31]

21 시 40:7-8, 히 10:5-11, 요 10:18

22 갈 4:4, 마 3:15

23 갈 3:13, 사 53:6, 벧전 3:18

24 고후 5:21

25 마 26:37-38, 눅 22:44, 마 27:4

26 행 13:37

27 요 20:25-27

28 고전 15:3-4

29 막 16:19, 행 1:9-11

30 롬 8:34, 히 9:24

31 행 10:42, 롬 14:9-10, 행 1:10-11

5 주 예수님께서는 자신의 완벽한 순종으로 그리고 성령님을 통하여 단 한 번에 자기 자신을 산 제물로 하나님께 드리는 것으로 하나님의 공의를 충분히 만족시키셨고,[32] 화목케 하셨고, 성부께서 주 예수님께 주신 모든 사람을 위해 하늘나라의 영원한 유업을 값 주고 사셨다.[33]

32 히 9:14, 10:14, 롬 3:25-26

33 요 17:2, 히 9:15

6 비록 예수님께서 성육신하시기 까지는 구속의 값이 그리스도에 의해 실제로 지불 된 것은 아니지만, 그 값의 효력과 유효성과 유익은 세상의 시작부터 모든 시대에 계속해서 약속들의 형태로 그리고 약속들로, 그리스도를 드러내는 모형들과

희생 제물들을 택자들에게 주셨다.[34] 이 약속들은 뱀의 머리를 상하게 할 여자의 후손과 세상의 기초가 놓여질 때부터 죽임 당하신 어린 양을 뜻하고,[35] 어린 양은 어제나 오늘이나 영원토록 동일하시다.[36]

[34] 고전 4:10, 히 4:2, 벧전 1:10-11
[35] 계 13:8
[36] 히 13:8

7 그리스도께서는 중보자 사역에 있어서 두 본성을 따라 각각의 본성에 의해 그 자체의 고유한 일을 행하신다. 하지만 인격의 통일성으로 인해, 성경에서는 한 본성의 고유한 일이 때때로 다른 본성으로 불리어지는 인격에 속한 것으로 나타날 때도 있다.[37]

[37] 요 3:13, 행 20:28

8 그리스도께서는 구속하기로 한 모든 사람을 위해 영원한 구속을 획득하셨고 그들에게 그 구속을 확실하고 효과적으로 적용해 주시고 나눠주신다.[38] 그리스도께서는 그들을 위해 중재하시고, 성령님에 의해 자신과 연결시키시고, 말씀 안에서 그리고 말씀으로 구원의 신비를 그들 속에 드러내시고,[39] 그

들이 믿고 순종하도록 설득하시고, 자신의 말씀과 성령님으로 인해 그들의 마음을 다스리시고,[40] 자신의 전능하신 능력과 지혜로 그들의 모든 적을 물리치신다.[41] 그리스도께서는 자신의 놀랍고 신비한 경륜과 가장 조화를 이루는 이러한 방식과 방법들로 이루신다.[42] 그리고 그리스도께서는 그들 속에 그것을 얻을만한 그 어떤 조건도 없음에도 그저 값없고 절대적인 은혜로 그것을 이루시는 것이다.

38 요 6:37, 10:15-16, 17:9, 롬 5:10
39 요 17:6, 엡 1:9, 요일 5:20
40 롬 8:9-14
41 시 110:1, 고전 15:25-26
42 요 3:8, 엡 1:8

9 하나님과 사람 사이의 중보자 직분은 오직 그리스도께만 고유하다.[43] 그리스도께서는 하나님의 교회의 선지자이시고 제사장이시고 왕이시다. 그리고 이 직분은 전체적으로든 부분적으로든 그분에게서 다른 어떤 이에게로 옮겨질 수 없다.

43 딤전 2:5

10 직분들의 수와 순서는 필수이다. 우리의 무지로 인해[44] 우리는 그리스도의 선지자 직분이 필요한 처지에 서 있다. 그리고 하나님으로부터의 단절과 우리의 최선의 예배가 불완전함으로 인해,[45] 우리는 우리를 하나님과 화해시키고 하나님께서 받아주실 만하게 우리를 드러내시는 그리스도의 제사장 직분이 필요한 처지에 서 있다. 그리고 우리가 하나님을 싫어하고 하나님께 돌아갈 수 있는 능력이 전혀 없음으로 인해 또한 우리의 영적인 적들로부터 구하고 보호하기 위해, 우리에게 그리스도의 하늘나라에 대한 확신을 주고, 복종시키시고, 이끄시고, 붙드시고, 인도하시고, 지켜주시는 그리스도의 왕의 직분을 필요로 한다.[46]

44 요 1:18
45 골 1:21, 갈 5:17
46 요 16:8, 시 110:3, 눅 1:74-75

제9장 자유의지에 관하여

of Free Will

1 하나님께서는 사람의 의지에 선천적 자유와 선택의 능력을 부여하셨다. 이 의지는 선이나 악을 행하도록 강요받지 않고, 본성의 어떤 필연성으로 인해 선이나 악을 행하도록 결정되지도 않는다.[1]

1 마 17:12, 약 1:14, 신 30:19

2 사람이 무죄상태에서는 하나님께 선하고 기쁘게 해 드리는 일을 원하고 행할 자유와 능력을 가지고 있었다.[2] 그러나 아직은 변할 수 있는 상태였고 그 상태에서 떨어질 가능성이 있었다.[3]

2 전 7:29
3 창 3:6

3 사람은 죄의 상태로 떨어짐으로 인해 구원을 수반하는 어떤 영적인 선에 이르는 모든 의지력을 완전히 잃어버렸다.[4] 따라서 영적인 선을 행하기를 전적으로 싫어하고 죄 안에서 완전히 죽은[5] 자연인으로서, 그는 자기 자신의 힘으로 회심하거나 회심에 이르기 위해 자신을 준비시킬 능력도 없다.[6]

4 롬 5:6, 8:7
5 엡 2:1, 5
6 딛 3:3-5, 요 6:44

4 하나님께서 죄인을 회심시키시고 그를 은혜의 자리로 옮기실 때, 그를 선천적인 죄의 노예의 신분으로부터 자유롭게 하신다.[7] 오직 그분의 은혜로 영적인 선한 일을 자발적으로 원하고 행하게 하신다.[8] 그렇지만 그에게 남아있는 부패들로 인하여 완벽하고 유일하게 선한 것만을 원하지 못하고 악한 것을 원하기도 한다.[9]

7 골 1:13, 요 8:36
8 빌 2:13
9 롬 7:15, 18, 19, 21, 23

5 사람의 의지는 오직 영화의 상태에서만 선만을 행할 수 있는 완벽하고 불변한 자유의 상태가 된다.[10]

10 엡 4:13

제10장 유효적 소명에 관하여

of Effectual Calling

1 하나님께서는 생명으로 예정하신 사람들을 자신이 정하시고 허락하신 때에 말씀과 성령으로 그들의 자연적인 상태인 죄와 죽음의 상태로부터 예수 그리스도로 인한[1] 은혜와 구원으로 유효하게 부르시기를 즐거워하신다.[2] 이는 그들의 마음에 빛을 비추셔서 영적으로 그리고 구원에 이르도록 하나님의 일들을 이해하게 하시고,[3] 그들의 돌 같은 마음을 제거하시고[4] 그들에게 새로운 마음을 주시고, 그들의 의지를 새롭게 하시고 그분의 전능하신 능력으로 그들이 선한 일을 하도록 결정하시고,[5] 그들을 예수 그리스도께로 유효하게 이끄는 것이다. 하지만 그들은 가장 자유롭게, 하나님의 은혜로 인해 자발적으로 나아가는 것이다.[6]

1 엡 2:1-6

2 롬 8:30, 11:7, 엡 1:10-11, 살후 3:13-14

3 행 26:18, 엡 1:17-18

4 겔 36:26

5 신 30:6, 겔 36:27, 엡 1:19

6 시 110:3, 아 1:4

2 이 유효적 소명은 오직 하나님의 자유롭고 특별한 은혜에 속한 것이지, 사람 안에서 미리 보신 어떤 것이나[7] 피조물 안에 있는 어떤 능력이나 작용으로부터 기인하는 것이 결코 아니다. 성령님께서 살려주시고 새롭게 하시기 전까지, 사람은 유효적 소명에서 철저히 수동적이고[8] 죄와 불법 안에서 죽은 상태이다. 성령님의 새롭게 하심으로 인해 사람은 이 부르심에 응답할 수 있게 되고 그 부르심 안에서 제공되고 전달된 은혜를 받아들일 수 있게 된다. 이 유효적 소명은 그리스도를 죽은 자들로부터 일으키신 능력과 다름이 없는 것이다.[9]

7 딤후 1:9, 엡 2:8

8 고전 2:14, 엡 2:5, 요 5:25

9 엡 1:19-20

3 유아기에 죽은 선택된 유아들은 그리스도로 인해 성령님을 통해 중생되고 구원받는다.[10] 성령님께서 기뻐하시는 때에, 기뻐하시는 장소에서, 기뻐하시는 방식으로 일하신다.[11] 또한 말씀 사역으로 인한 외적 부르심을 받아들일 능력이 없는 모든 택자들에게도 그러하다.

[10] 요 3:3, 5:6
[11] 요 3:8

4 택함을 받지 못한 사람들은 비록 그들이 말씀 사역으로 부르심을 받고 성령님의 일반적인 역사하심을 어느 정도 경험했을 지라도,[12] 성부하나님께서 그들을 효과적으로 이끌지 않으시기에 그들은 진실로 그리스도께 나아갈 마음도 능력도 없으므로[13] 구원을 받을 수 없다. 하물며 기독교를 받아들이지 않는 사람들은 구원 받을 수 없다. 그들이 고백하는 종교의 법과 자연의 빛을 따라 자신들의 인생을 설계하는 일을 아무리 부지런히 행할지라도 그들은 구원 받지 못한다.[14]

[12] 마 22:14, 13:20-21, 히 6:4-5
[13] 요 6:44-45, 65, 요일 2:24-25
[14] 행 4:12, 요 4:22, 17:3

제11장 칭의에 관하여

of Justification

1 하나님께서는 자신이 유효하게 부르신 사람들에게 의를 주입하는 방식이 아니라 그들의 죄를 용서하시고[1] 그들을 의롭다 간주해주시고 받아주심으로써[2] 그들을 값없이 의롭다 하신다.[3] 이는 그들 안에 일어난 어떤 일이나 그들이 행한 어떤 일 때문이 아니라 오직 그리스도 때문이다. 그들에게 믿음 그 자체나 믿는 행위 또는 어떤 다른 복음적인 순종을 그들의 의로 여겨주시는 것이 아니라,[4] 모든 법에 대한 그리스도의 적극적인 순종과 죽음에서의 소극적 순종을 전가하시는 것으로 인한 것이다. 이는 믿음으로 그들이 완전하고 유일한 의를 얻기 위함이다. 이로서 그들은 그들의 완전하고 유일한 의를 위해 믿음으로 그리스도와 그분의 의를 받아들이고 의지하는 것이다.[5] 이 믿음은 그들 스스로 얻을 수 있는 것이 아니다. 하나님

의 선물이다.

1 롬 4:5-8, 엡 1:7
2 고전 1:30-31, 롬 5:17-19
3 롬 3:24, 8:30
4 빌 3:8-9, 엡 2:8-10
5 요 1:12, 롬 5:17

2 따라서 그리스도와 그분의 의를 받아들이고 의지하는 믿음만이 칭의의 유일한 도구이다.[6] 그러나 칭의를 받은 사람 안에 믿음만 있는 것이 아니라 구원에 이르게 하는 다른 모든 은혜들을 동반한다. 믿음은 죽은 믿음이 아니라 사랑으로 역사하는 것이다.[7]

6 롬 3:28
7 갈 5:6, 약 2:17, 22, 26

3 그리스도는 자신의 순종과 죽음으로 칭의 받는 모든 사람들의 죄책을 완전히 갚으셨고 십자가에서 피 흘리심으로 자신을 산 제물로 바치셔서 그들이 마땅히 받아야 할 형벌을 그들을 대신하여 받으셨고, 그들을 대신하여 하나님의 공의를 적절하게 실제적으로 충분하게 만족시키셨다.[8] 그러나 성부하나님께서 그들을 위해 그리스도를 주신 것이고 그들을 대신하여

그리스도의 순종과 만족을 받으셨으며 이 둘 모두를 값없이 받아주셨기 때문에,[9] 그들의 칭의는 그들 안에 있는 어떤 것 때문이 아니라 오직 값없는 은혜이다. 하나님의 엄격한 공의와 풍부한 은혜가 죄인들의 칭의 안에서 영광이 될 것이다.[10]

8 히 10:14, 벧전 1:18-19
9 롬 8:32, 고후 5:21
10 롬 3:26, 엡 1:6-7, 2:7

4 하나님께서는 영원부터 모든 택자들을 의롭게 하시기로 작정하셨다.[11] 때가 차매 그리스도는 그들의 죄를 위해 죽으셨고 그들의 의를 위해 부활하셨다.[12] 그럼에도 불구하고, 그들은 성령께서 적절한 시기에 그리스도를 실제로 그들에게 적용시키시기 전까지 개인적으로 의롭게 되지 않는다.[13]

11 갈 3:8, 벧전 1:2, 딤전 2:6
12 롬 4:25
13 골 1:21-22, 딛 3:4-7

5 하나님께서는 칭의 받은 사람들의 죄를 계속해서 용서하신
다.[14] 그리고 비록 그들이 칭의의 상태에서 떨어질 수는 없을
지라도,[15] 그들은 자신들의 죄로 인해 하나님 아버지로서의
화내심 아래로 떨어질 수도 있다.[16] 이 상태에서 그들은 스스
로를 낮추고[17] 자신들의 죄를 고백하고 용서를 빌고 믿음과
회개를 새롭게 하기 전까지는 일반적으로 자신들을 향한 하
나님의 회복된 얼굴의 빛을 볼 수가 없다.

[14] 마 6:12, 요일 1:7-9
[15] 요 10:28
[16] 시 89:31-33
[17] 시 32:5 시51, 마 26:75

6 구약 성도들의 칭의는 모든 면에서 신약 성도들의 칭의와 하
나이며 동일하다.[18]

[18] 갈 3:9, 롬 4:22-24

제12장 양자에 관하여

of Adoption

1 하나님께서는 자신의 독생자 예수 그리스도의 목적 안에서 그리고 그 목적을 위하여 의롭다 함을 받은 모든 자들이 양자 됨의 은혜에 참여자가 되는 은혜를 허락해주셨다.[1] 이로 인해 그들은 하나님의 자녀의 수에 들게 되고 자녀의 자유와 특권들을 누린다.[2] 그들은 그분의 이름을 자신들 위에 두고[3] 양자의 영을 받고[4] 담대히 은혜의 보좌로 나아가서[5] 아바 아버지라 부를 수 있게 되며 불쌍히 여김을 받고[6] 보호를 받으며[7] 공급을 받고[8] 아버지이신 그분께 벌을 받는다.[9] 그러나 결코 버려지는 것이 아니라[10] 구원의 날까지 인침을 받고[11] 영원한 구원의 상속자들로서 그 약속들을 상속받는다.[12]

1 엡 1:5, 갈 4:4-5

2 요 1:12, 롬 8:17

3 고후 6:18, 계 3:12

4 롬 8:15

5 갈 4:6, 엡 2:18

6 시 103:13

7 잠 14:26

8 벧전 5:7

9 히 12:6

10 사 54:8-9, 애 3:31

11 엡 4:30

12 히 1:14

제13장 성화에 관하여

of Sanctification

1 그리스도와 연합되고 유효적 소명을 받아 중생되고, 그리스도의 죽음과 부활의 공로를 통해서 창조된 새 마음과 새 영을 가진 사람들은 더 나아가 그 동일한 공로로 그들 속에 있는 그리스도의 말씀과 성령에 의하여[1] 실제적이고 인격적으로 성화된다.[2] 온 몸을 지배하는 죄의 권세는 파괴되고[3] 죄의 여러 정욕들은 점점 약화되고 억제된다.[4] 그리고 그들은 구원에 이르게 하는 모든 은혜 안에서 점점 되살아나고 강건해져서[5] 모든 참된 거룩함을 실천하기에 이른다. 이러한 실천 없이 그어떤 사람도 주를 볼 수 없다.[6]

1 요 17:17, 엡 3:16-19, 살전 5:21-23
2 행 20:32, 롬 6:5-6
3 롬 6:14
4 갈 5:24
5 골 1:11
6 고후 7:1, 히 12:14

2 이 성화는 전 인격에 미치지만[7] 여전히 이생에서는 불완전하다. 모든 부분에 부패의 몇몇 찌꺼기들이 여전히 남아있다.[8] 그것으로부터 지속적이고 타협할 수 없는 전쟁이 일어난다. 성령을 대적하는 육신의 정욕과 육신을 대적하는 성령의 전쟁이다.[9]

7 살전 5:23
8 롬 7:18, 23
9 갈 5:17, 벧전 2:11

3 이러한 전쟁 안에서 비록 남아있는 부패가 일시적으로 크게 우세하기도 하지만,[10] 그리스도의 거룩하게 하는 영으로부터 지속적으로 힘을 공급받음으로, 중생한 부분이 확실히 이긴다.[11] 그래서 성도들은 은혜 안에서 성장하고 하나님을 두려워하는 가운데 거룩함을 온전히 이룬다. 그리고 그들은 머리이시고 왕이신 그리스도께서 자신의 말씀으로 그들에게 주신 모든 명령에 대한 복음적인 순종으로 천국의 삶을 추구한다.[12]

10 롬 7:23
11 롬 6:14
12 엡 4:15-16, 고후 3:18, 7:1

제14장 구원 얻는 믿음에 관하여

of Saving Faith

1 믿음의 은혜는 택자로 하여금 믿을 수 있게 함으로 그들의 영을 구원에 이르게 하는 것이고, 이는 그들의 마음속에서 일어나는 그리스도의 영의 사역이며[1] 일반적으로 말씀의 사역으로 인해 발생한다.[2] 또한 침례와 주의 만찬의 시행 그리고 기도와 하나님께서 정해주신 다른 수단으로 인해, 이 믿음의 은혜는 자라고 강해진다.[3]

1 고후 4:13, 엡 2:8
2 롬 10:14-17
3 눅 17:5, 벧전 2:2, 행 20:32

2 이 믿음으로 인해 그리스도인은 하나님 자신의 권위에 의한 말씀 안에 계시된 모든 것을 진리로 믿는다.[4] 또한 그들은 이 믿음으로 인해 이 세상의 다른 모든 저작물들과 다른 모든 것들 위에 있는 말씀의 탁월함을 깨닫게 된다.[5] 이는 말씀이 하나님의 속성들로 그분의 영광을 드러내고, 그리스도의 본성과 직분들로 그분의 탁월함을 드러내고, 성령의 사역들과 활동들로 그분의 능력과 충만함을 드러내기 때문이다. 그래서 그리스도인은 자신의 영을 이렇게 믿어지는 진리에 맡길 수 있게 된다.[6] 또한 말씀의 각 구절이 포함하는 바를 따라서 다르게 행동한다. 즉, 명령들에는 순종하고[7] 위협들에는 두려워하고[8] 이 세상과 오는 세상에 대한 하나님의 약속들을 받아들인다.[9] 그러나 구원하는 믿음의 주요한 행위들은 그리스도와 직접적인 관계를 가진다. 이는 은혜언약의 효력으로 칭의와 성화와 영생을 위해서 그리스도만을 받아들이고 영접하고 의지하는 것이다.[10]

4 행 24:14

5 시 19:7-10, 119:72

6 딤후 1:12

7 요 15:14

8 사 66:2

9 히 11:13

10 요 1:12, 행 16:31, 갈 2:20, 행 15:11

3 이 믿음은 비록 정도의 차이가 나고, 약하거나 강하기도 하겠지만,[11] 구원하는 다른 모든 은혜와 같이 이 믿음이 가장 약할 때에라도 일시적으로 믿는 자들의 믿음과 일반은총과는 그 종류와 본질에 있어서 다르다.[12] 그러므로 이 믿음이 수없이 공격받고 약해질 지라도, 이 믿음은 승리를 얻을 것이고[13] 우리의 믿음의 저자이시고 완성자이신 그리스도를 통하여 충분한 확신을 얻는 데까지 여러 면에서 성장할 것이다.[14]

11 히 5:13-14, 마 6:30, 롬 4:19-20
12 벧후 1:1
13 엡 6:16, 요일 5:4-5
14 히 12:2, 히 6:11-12, 골 2:2

제15장 생명과 구원에 이르는 회개에 관하여

of Repentance unto Life and Salvation

1 성숙한 나이에 회심한 택자들도 이전에는 자연 상태로 살아
왔고 이 상태 안에서 온갖 정욕과 쾌락을 좇아왔으나, 하나님
께서는 유효한 소명으로 그들을 부르신 상태에서 그들에게
생명에 이르는 회개를 주신다.[1]

1 딛 3:2-5

2 선을 행하고 죄를 짓지 않는 사람은 단 한명도 없기 때문에,[2]
그리고 가장 경건한 사람이라도 자신들 안에 자리 잡고 있는
부패의 힘과 속임수와 그들 안에 만연해 있는 유혹에 의하여
큰 죄들에 빠지고 하나님을 도발하는 짓들을 하기 때문에, 하
나님께서는 이렇게 죄를 짓고 타락한 성도들이 구원에 이르

는 회개를 통하여 새롭게 되도록 은혜언약 안에서 자비를 베
푸신다.[3]

2 전 7:20
3 눅 22:31-32

3   이 구원 얻는 회개는 복음적인 은혜이다.[4] 이 은혜로 사람은
죄의 수많은 악함을 성령에 의하여 알아차리게 되고 그리스
도를 믿는 믿음으로 인해 스스로를 낮추어 죄에 대해 경건하
게 슬퍼하고, 죄를 혐오하고 자신을 미워하는 마음을 가진
다.[5] 그리고 용서와 은혜의 힘을 구하고 성령의 공급하심들로
인해 모든 일을 하나님 앞에서 행하여 하나님을 기쁘시게 하
려는 목적을 가지고 노력한다.[6]

4 슥 12:10, 행 11:18
5 겔 36:31, 고후 7:11
6 시 119:6, 128

4   사망의 몸과 그 몸의 행위들 때문에 우리가 인생의 전 과정을
통하여 반드시 회개를 지속해야만 함으로, 분명히 드러난 죄
들을 낱낱이 회개하는 것은 모든 사람의 의무이다.[7]

7 눅 19:8, 딤전 1:13-15

5 하나님께서 그리스도를 통하여 은혜언약 안에서 성도들의 견인을 위해 마련하신 규정은 이와 같다. 비록 지옥에 떨어지지 않아도 될 사소한 죄는 그 어디에도 없지만[8] 회개한 사람에게 저주를 가져다줄 만큼의 엄청난 죄도 없다.[9] 이 규정이 회개에 대한 지속적인 설교를 필수적인 것으로 만든다.

8 롬 6:23
9 사 1:16-18, 55:7

제16장 선행에 관하여

of Good Works

1 선행은 오직 하나님께서 자신의 거룩한 말씀에서 명령하신 행위이다.[1] 말씀의 정당한 보증 없이 사람에 의한 맹목적인 열정으로나 어떤 선한 의도로 가장하여 고안된 행위는 선행이 아니다.[2]

1 미 6:8, 히 13:21　　　　**2** 마 15:9, 사 29:13

2 하나님의 계명에 대한 순종으로 행해지는 선행은 참되고 살아 있는 믿음의 열매들이고 증거들이다.[3] 이 선행으로 성도들은 감사함을 드러내고[4] 확신을 강하게 하고[5] 형제들에게 덕을 끼치고[6] 복음에 대한 고백을 돋보이게 하고 원수들의 입을 막고 하나님을 영화롭게 한다.[7] 성도들은 하나님의 작품이고 예수

그리스도 안에서 선한 일을 위하여 지음 받았기에[8] 거룩함에 이르는 열매를 맺음으로 마지막에는 영생을 얻을 것이다.[9]

3 약 2:18, 22
4 시 116:12-13
5 요일 2:3, 5, 벧후 1:5-11
6 마 5:16

7 딤전 6:1, 벧전 2:15, 빌 1:11
8 엡 2:10
9 롬 6:22

3 선행을 할 수 있는 그들의 능력은 결코 그들 자신의 것이 아니라 전적으로 그리스도의 영으로부터 나오는 것이다.[10] 그들이 선행을 할 수 있으려면 이미 받은 은혜들 외에도 그분의 선한 뜻을 바라고 행하도록 그들 안에 역사하시는 동일한 성령의 실제적인 감화가 필수적이다.[11] 그러나 그렇다고 해서 성령의 특별한 역사가 없다면 마치 어떤 의무를 행하는 것에도 얽매일 필요가 없는 것처럼 태만해져서는 안 되고 그들 안에 있는 하나님의 은혜를 불러일으키는 것에 부지런해야만 한다.[12]

10 요 15:4, 6
11 고후 3:5, 빌 2:13
12 빌 2:12, 히 6:11-12, 사 64:7

4 순종하는 것으로 이생에서 가능한 최고의 높이에 도달한 자들이 의무보다 더 많은 일을 행하거나 하나님께서 요구하시

는 것보다 더 많이 행할 수 없다. 이는 그들이 마땅히 해야 할 의무를 행하기에도 많이 미치지 못하기 때문이다.[13]

13 욥 9:2-3, 갈 5:17, 눅 17:10

5 우리는 우리의 최선의 행위들로도 하나님의 손에서 죄 용서 또는 영생을 공로로 받을 수 없다. 그 이유는 우리의 행함과 장차 올 영광 사이의 엄청난 불균형 때문이고 우리와 하나님 사이의 무한한 거리 때문이다. 우리의 최선의 행위로는 우리의 이전 죄의 빚에 대해 합당하게 하나님께 유익이나 만족을 드릴 수 없다.[14] 그러나 우리가 할 수 있는 모든 것을 행했을 때, 우리는 단지 우리의 의무를 행했을 뿐이고 우리는 무익한 종들일 뿐이다. 그리고 우리의 행위들이 선하다면 그것들이 성령님으로부터 나온 것이기 때문이고[15] 그 행위가 우리로 인해 행해질 때에는 그것들이 부정해지고 하나님의 형벌의 엄격함을 견딜 수 없을 만큼 악과 결점이 섞여있다.[16]

14 롬 3:20, 엡 2:8-9, 롬 4:6
15 갈 5:22-23
16 사 64:6, 시 143:2

6 그러나 그럼에도 불구하고 신자들의 인격이 그리스도를 통하

여 받아들여지고, 그들의 선행 또한 그리스도 안에서 받아들여진다.[17] 그들이 이생에서 하나님 보시기에 전적으로 흠이 없거나 책망 받을 것이 없다는 것이 아니라 그분의 아들 안에서 그들을 바라보시기에 비록 약함과 불완전함이 많을지라도 진실된 것에 대해서는 받아주시고 상 주기를 즐거워하신다.[18]

17 엡 1:6, 벧전 2:5
18 마 25:21, 23, 히 6:10

7 거듭나지 못한 자들에 의해서 행해지는 행위들은 비록 그 행위들이 그 자체로는 하나님께서 명령하신 것들이고, 자신들과 다른 사람들에게 좋은 일이라 할지라도,[19] 그것들은 믿음으로 정결하게 된 마음에서 나온 것이 아니며,[20] 말씀을 따라 올바른 방법으로 행해진 것도 아니며,[21] 하나님의 영광이라는 올바른 목적을 향한 것도 아니기 때문에,[22] 그러므로 그 모든 행위들은 죄악되며 하나님을 기쁘시게 할 수도 없고, 사람으로 하여금 하나님으로부터 은혜를 받기에 적합하게 만들지도 못한다.[23] 하지만 이러한 행위들에 대한 그들의 무시는 더욱 죄악되며, 하나님을 화나게 하는 것이다.[24]

19 왕하 10:30, 왕상 21:27, 29   **22** 마 6:2-5
20 창 4:5, 히 11:4, 6   **23** 암 5:21-22, 롬 9:16, 딛 3:5
21 고전 13:1   **24** 욥 21:14-15, 마 25:41-43

제17장 성도의 견인에 관하여

of Perseverance of the Saints

1 하나님께서 그의 사랑하시는 자 안에서 받아주시고, 성령으로 효과적으로 부르셔서 거룩하게 하시고, 그분의 택자가 소유하는 귀한 믿음을 넣어주신 사람들은 은혜의 상태로부터 전적으로 또는 최종적으로 떨어질 수 있는 것이 아니라 확실하게 그 상태에서 끝까지 인내하여 영원히 구원받게 된다.[1] 왜냐하면 하나님의 은사와 부르심에는 후회하심이 없기 때문이다. 하나님께서는 믿음, 회개, 사랑, 기쁨, 소망 그리고 성령님의 모든 은사들을 그들 안에 주시고 영원까지 자라게 하신다. 그리고 비록 많은 폭풍과 홍수가 일어나 그들을 덮칠지라도 믿음으로 단단히 매여 있는 바로 그 기초와 반석에서 결코 나가떨어질 수 없다. 그럼에도 불구하고 믿음 없음과 사탄의 유혹으로 인해, 하나님의 빛과 사랑을 볼 수 있는 눈이 얼마

동안 가려지고 희미해지기도 하지만,[2] 하나님께서는 여전히 동일하시며 하나님의 구원하는 능력으로 그들이 보존될 것을 확신하게 된다. 그들은 하나님의 손바닥에 새겨졌고 그들의 이름이 영원부터 생명책에 기록되어 있기에 구원의 완성의 자리에서 자신들이 얻은 유업을 즐거워할 것이다.[3]

1 요 10:28-29, 빌 1:6, 딤후 2:19, 요일 2:19
2 시 89:31-32, 고전 11:32
3 말 3:6

2　이러한 성도의 견인은 그들 자신의 자유의지에 달려 있는 것이 아니라 하나님 아버지의 자유롭고 불변한 사랑에서 흘러나오는 선택의 작정의 불변성에 달려있다.[4] 이는 예수 그리스도의 공로와 중보의 효력과 그분과의 연합에 근거를 둔다.[5] 이는 하나님의 맹세와[6] 성령님의 내주하심, 그리고 그들 안에 있는 하나님의 씨와[7] 은혜언약의 본질에[8] 근거를 둔다. 이런 모든 것들로부터 성도의 견인의 확실성과 무오류성이 나온다.

4 롬 8:30, 9:11-16
5 롬 5:9-10, 요 14:19
6 히 6:17-18
7 요일 3:9
8 렘 32:40

3 사탄과 세상의 유혹 그리고 그들 안에 남아있는 부패의 우세함과 그들을 보존하기 위한 수단을 게을리 사용함으로 인해 그들은 심각한 죄에 빠지기도 하며, 얼마 동안 그 죄에 빠져있기도 하고[9] 이로 인해 그들은 하나님의 화나심을 초래하고 성령님을 몹시 근심케 하고,[10] 그들이 가진 은혜와 위로가 손상되고,[11] 그들의 마음이 강퍅해지고, 그들의 양심이 상처를 입고, 다른 사람을 아프게 하고 중상하여[12] 그들 스스로 일시적인 심판을 야기하기도 하지만,[13] 그들은 자신의 회개를 새롭게 하여 예수 그리스도를 믿는 믿음을 통하여 끝까지 보존된다.[14]

9 마 26:70, 72, 74
10 사 64:5-9, 엡 4:30
11 시 51:10-12
12 시 32:3-4
13 삼하 12:14
14 눅 22:32, 61-62

제18장 은혜와 구원의 확신에 관하여

of the Assurance of Grace and Salvation

1 비록 일시적인 신자들과 중생하지 못한 다른 사람들이 하나님의 은혜와 구원의 상태에 있다는 거짓된 희망과 육적인 확신으로 스스로를 헛되이 속일 수는 있을지라도 그들이 가진 이런 희망은 결국 사라지고 말 것이다.[1] 그러나 주 예수님을 참으로 믿고 성실하게 그분을 사랑하여 그분 앞에서 모든 선한 양심으로 걷기를 노력하는 사람들은 이생에서 자신들이 은혜의 상태에 있다는 확고한 확신을 얻게 될 것이다.[2] 그리고 하나님의 영광을 바라는 것을 즐거워할 수 있다. 이러한 소망은 결코 그들을 부끄럽게 만들지 않는다.[3]

1 욥 8:13-14, 마 7:22-23
2 요일 2:3, 3:14-24, 5:13
3 롬 5:2-5

2 이 확실성은 잘못될 수 있는 희망에 근거한 단순한 억측이나 그럴듯한 신념이 아니라,[4] 복음에 드러난 그리스도의 피와 의에 근거한 믿음의 틀림없는 확신이다.[5] 또한 이 확신은 약속된 성령의 은혜들의 내적 증거와[6] 우리가 하나님의 자녀라는 것을 우리의 영과 함께 증언하는 양자의 영의 증언에 근거를 둔다.[7] 그리고 그것의 열매로서 마음이 겸손하고 거룩한 상태로 유지된다.[8]

4 히 6:11-19	**7** 롬 8:15-16
5 히 6:17-18	**8** 요일 3:1-3
6 벧후 1:4-11	

3 이 틀림없는 확신은 믿음의 본질에 속한 것은 아니지만 참된 신자는 오래 참고 많은 어려움들과 싸우고 나서 이 확신의 참여자가 될 수 있다.[9] 그러나 참된 신자는 하나님의 사람에게 값없이 주어지는 것들을 성령으로 인해 알 수 있기 때문에 예외적인 계시 없이도 은혜의 수단들을 올바로 사용하여 확신에 이를 수 있다.[10] 그러므로 그분의 부르심과 선택을 확실하게 하기 위해 모든 주의를 기울이는 것이 모든 신자들의 의무이다. 그로 인해 신자의 마음은 성령 안에서 평안과 즐거움, 하나님을 향한 사랑과 감사, 순종의 의무들을 행함에 있어서 힘과 기쁨이 커지게 될 것이다. 이것이 이 확신의 참 열매들이다.[11] 이

확신은 사람을 게으르게 하는 성향과는 아주 거리가 멀다.[12]

9 사 50:10, 시 88, 77:1-12
10 요일 4:13, 히 6:11-12
11 롬 5:1-5, 14:17, 시 119:32
12 롬 6:12, 딛 2:11-14

4 참된 신자들은 자신들이 가진 구원의 확신을 여러 가지 방식으로 흔들고 약해지게 하고 일시적으로 사라지게도 한다. 이는 확신을 지속하려는 것에 대해 게으르고,[13] 양심에 상처를 입히는, 성령님을 근심케 하는 어떤 특별한 죄에 빠져있음으로 인해 발생한다.[14] 그리고 갑작스럽거나 격렬한 유혹과[15] 하나님께서 자신의 얼굴빛을 거두심으로 인해 하나님을 두려워하는 신자가 어둠 속을 걷고 그 어떤 빛도 가지지 못하게도 하신다.[16] 그러나 그들이 결코 하나님의 씨와[17] 믿음의 생명,[18] 그리스도와 형제들에 대한 사랑과 이것들로부터 나오는 의무에 대한 마음과 양심의 신실함을 가지지 않을 때란 없다. 성령의 역사로 이 확신은 적절한 때에 되살아날 것이고[19] 그 동안 그들은 그분의 일하심으로 인해 완전한 절망으로부터 보호받는다.[20]

13 아 5:2-6
14 시 51:8, 12, 14
15 시 116:11, 시 77:7-8, 시 31:22
16 시 30:7
17 요일 3:9
18 눅 22:32
19 시 42:5-11
20 애 3:26-31

제19장 하나님의 법에 관하여

of the Law of God

1 하나님께서는 아담에게 보편적인 순종의 법을 주셨고 이 법을 아담 마음에 새겨주셨다. 그리고 선과 악을 알게 하는 나무의 열매를 먹지 말라는 특별한 명령을 주셨다.[1] 이 명령으로 하나님께서는 아담과 그의 모든 후손들을 개별적이고 완전하고 영구적인 순종에 묶어 두셨다.[2] 이 명령의 순종에는 약속된 생명이 그리고 불순종에는 경고된 죽음이 달려있고, 아담에게는 그 법을 지킬 힘과 능력을 부여하셨다.[3]

1 창 1:27, 전 7:29
2 롬 10:5
3 갈 3:10-12

2 사람의 마음에 맨 처음 새겨주신 이 같은 법이 타락 이후에도 계속해서 의에 관한 완전한 규칙이 되었다.[4] 그리고 이 법은 하나님께서 시내 산에서 열 개의 계명으로 전해 주셨고, 두 돌판에 새겨 주셨다. 첫 네 계명들은 하나님을 향한 우리의 의무를, 그리고 다른 여섯 개의 계명들은 사람에 대한 우리의 의무를 포함한다.[5]

4 롬 2:14-15
5 신 10:4

3 일반적으로 도덕법이라고 불리는 이 법 외에도 하나님께서는 이스라엘 백성에게 몇 가지 예표적인 의식들이 포함된 의식법들을 주시기를 즐거워하셨다. 이 의식법의 한 부분은 그리스도와 그분의 은혜와 행적과 고통과 은택들을 예표하는 예배에 관한 것이고,[6] 한 부분은 도덕적 의무들에 대한 다양한 가르침들을 자세하게 제시한다.[7] 이 의식법의 성취를 위해 성부하나님으로부터 권한을 받으신 참된 메시아요 유일한 입법자이신 예수 그리스도께서 단지 개혁의 때까지만 제정되었던 이 모든 의식법들을 폐지하고 제거하셨다.[8]

6 히 10:1, 골 2:16-17
7 고전 5:7, 고후 6:17, 유 23
8 골 2:14, 16-17, 엡 2:14-16

4   또한 하나님께서는 이스라엘 백성에게 몇 가지 사법적인 법들을 주셨다. 이 법은 그 백성의 국가와 함께 소멸되었고 지금은 그 법의 효력이 그 어떤 사람에게도 구속력이 없다. 그 사법적인 법의 일반적인 공정성만이 여전히 도덕적으로 사용된다.[9]

9 고전 5:1, 9:8-10

5   도덕법은 의인만이 아니라 악인에게도, 즉 모든 사람을 영원히 그 법에 순종하도록 구속한다.[10] 그 법 안에 포함된 내용과 관련해서 뿐만 아니라 그 법을 주신 창조주 하나님의 권위로 인해 모든 사람이 순종해야만 하는 것이다.[11] 그리스도는 복음 안에서 이 순종의 의무를 어떤 식으로도 폐하지 않으시고 오히려 더욱더 강하게 하신다.[12]

10 롬 13:8-10, 약 2:8-12
11 약 2:10-11
12 마 5:17-19, 롬 3:31

6   비록 참된 신자들은 행위언약으로서의 법의 지배 아래 있지도 않고 그 법으로 인해 의롭다함을 받거나 정죄 받는 것은 아닐지라도[13] 법은 다른 사람들에게와 마찬가지로 신자들에게도 크게 유익한 것이다. 삶의 규범으로서의 법은 하나님의 뜻과

그들의 의무에 대해 알게 하고, 그것에 따라 행하도록 그들을 지도하고 붙잡아준다. 또한 그들의 본성과 마음과 삶에서 죄로 가득한 오염들을 발견하게 하고 이로써 그들은 자신을 살핌으로 죄를 더 크게 확신하게 되고, 죄로 인해 더 겸손하게 되고, 자기 죄에 대하여 더 미워하기에 이르게 된다.[14] 또한 그들에게 그리스도와 그분의 순종의 완벽함이 필수적이라는 더 분명한 시각을 갖게 한다. 마찬가지로 법이 죄를 금하고 있기 때문에, 거듭난 사람들에게 법은 자신들의 부패를 억제하는데 유익하다. 그리고 비록 그들이 법의 저주와 누그러뜨림 없는 엄격함으로부터 해방되었다 할지라도, 법의 경고들은 그들의 죄로 마땅히 받아야 할 대가와 이생에서 그들이 그 죄들로 받게 될 고통들이 무엇인지를 보여주는데 유익하다. 마찬가지로 이 법의 약속들은 비록 행위언약으로서의 법이 그들에게 요구하는 것은 아니지만, 순종에 대한 하나님의 칭찬과 그들이 그 법을 이행함으로 기대하는 모든 복들을 그들에게 보여준다. 그래서 이 법이 선을 행하도록 힘을 주고 악을 삼가도록 하기 때문에, 인간이 선을 행하고 악을 삼가는 것은 그가 은혜의 지배가 아니라 율법의 지배 아래 있다는 그 어떠한 증거도 아니다.[15]

13 롬 6:14, 갈 2:16, 롬 8:1, 10:4
14 롬 3:20, 7:7
15 롬 6:12-14, 벧전 3:8-13

7　앞에서 언급한 율법의 용도는 복음의 은혜에 반대되는 것이 아니라, 오히려 그것과 잘 부합한다.[16] 그리스도의 영이 사람의 의지를 복종시키고 힘을 주어 율법에 드러난 하나님의 뜻이 행하라고 요구하는 것들을 자발적으로 기꺼이 행하게 하신다.[17]

[16] 갈 3:21
[17] 겔 36:27

제20장 복음과 그 은혜의 범위에 관하여

of the Gospel and the Extent of the Grace thereof

1   행위언약은 죄로 인해 파기되었고 생명에 무익한 것이 되었기에, 하나님께서는 택자를 부르시고 그들 안에 믿음과 회개를 생겨나게 하는 수단으로서 그리스도, 여자의 후손에 대해 약속하시기를 즐거워하셨다.[1] 바로 이 약속 안에서 복음의 본질이 계시되었다. 그리고 이 약속 안에서 복음은 죄인들의 회심과 구원에 효과적이다.[2]

1 창 3:15
2 계 13:8

2   그리스도와 그로 말미암는 구원의 약속은 오직 하나님의 말씀으로만 계시된다.[3] 자연의 빛을 가진 창조나 섭리의 사역들

은 그리스도와 그로 말미암는 은혜를 일반적이든 모호하게든 드러내지 않는다.[4] 더구나 약속이나 복음으로 인한 그분에 대한 계시가 없는 자들은 이로 인해 구원 얻는 믿음이나 회개를 얻을 능력이 없다.[5]

3 롬 1:17
4 롬 10:14-17
5 잠 29:18, 사 25:7, 60:2-3

3 죄인들을 향한 복음 계시는 여러 시대와 다양한 방식으로 전해졌고, 요구되는 순종의 약속들과 명령들이 더해졌으며 나라들과 개인들에게 전해졌다. 이 계시는 오직 하나님의 주권적인 의지와 선하신 즐거움에 속한 것이다.[6] 이 복음 계시는 사람의 자연적 능력의 활용에 따른 어떤 가능성으로 부수적으로 더해지는 것이 아니며 복음 없이 받은 보통의 빛으로서도 아니다. 어느 누구도 그런 적이 없으며 그렇게 할 수도 없다.[7] 그러므로 모든 시대에 복음이 널리 전파되거나 제한됨을 따라, 다양한 방식으로 하나님의 의지의 경륜을 따라 복음이 개인들과 나라들에게 설교되어져 왔다.

6 시 147:20, 행 16:7
7 롬 1:18

4 복음이 비록 그리스도와 구원 얻는 은혜를 계시하는 유일한 외적 수단이고, 이를 성취하는데 있어서 완전히 충분할지라도, 그러나 죄 안에서 죽은 자들이 거듭나게 되고 되살아나고 새로 태어나려면 영혼 전체에 영향을 주는 성령님의 저항할 수 없는 효과적인 사역이 더욱 필요하다.[8] 이는 그들 안에 새 영을 만들어내기 위함이다. 만약 이 사역이 없다면 다른 그 어떤 수단들로도 그들을 하나님께로 회심시킬 수 없다.[9]

8 시 110:3, 고전 2:14, 엡 1:19-20
9 요 6:44, 고후 4:4-6

제21장 그리스도인의 자유와 양심의 자유에 관하여
of Christian Liberty and Liberty of Conscience

1   그리스도가 복음 아래 있는 성도들을 위해 값 주고 사신 자유의 본질은 죄책과 하나님의 저주의 진노와 율법의 엄격함과 저주로부터의 그들의 자유이다.[1] 그리고 이 현재 악한 세상과[2] 사탄의 속박과[3] 죄의 지배[4] 그리고 고통스러운 불행들과[5] 사망의 공포와 그 쏘는 것과[6] 무덤의 승리와 영원한 저주로부터의 그들의 구원이다.[7] 또한 이 자유는 하나님께 자유롭게 나감과 노예의 두려움이 아니라[8] 어린아이 같은 사랑과 자발적인 마음으로 하나님께 순종하는 것이다.[9]

또한 율법 아래 있던 성도들은 본질적으로 이 모든 자유들을 똑같이 경험하였다.[10] 그러나 신약 아래에서의 그리스도인들의 자유는 더욱 확대되었다. 유대교회가 복종하였던 의식법의 멍에로부터 자유롭게 되었고, 율법 아래 있던 성도들이 일반적으로 누렸던 것보다 더 큰 담대함으로 은혜의 보좌에 나아가고, 그들이 참여했던 것보다 더 충만하게 하나님의 자유의 영과 교제한다.[11]

1 갈 3:13
2 갈 1:4
3 행 26:18
4 롬 8:3
5 롬 8:2
6 고전 15:54-57
7 살후 1:10
8 롬 8:15
9 눅 1:74-75, 요일 4:18
10 갈 3:9-14
11 요 7:38-39, 히 10:19-21

2 하나님만이 양심의 주가 되신다.[12] 하나님께서는 하나님의 말씀에 거스르거나 하나님의 말씀에 포함되지 않은 모든 사람의 교훈들과 명령들로부터 양심을 자유롭게 하셨다.[13] 따라서 양심을 떠나 이런 교훈들을 믿거나 이런 명령들을 따르는 것은 양심의 참 자유를 배반하는 것이다.[14] 그리고 맹신하는 믿음과 절대적이고 맹목적인 순종을 요구하는 것 또한 양심과 이성의 자유를 파괴하는 것이다.[15]

12 약 4:12, 롬 14:4, 갈 5:1
13 행 4:19, 5:29, 고전 7:23, 마 15:9
14 골 2:20-23
15 고전 3:5, 고후 1:24

3 그리스도인의 자유를 핑계 삼아 어떤 죄를 범하거나 죄악 된 정욕을 품는 사람들은 복음적 은혜의 주요한 계획을 왜곡하여 그들 자신을 파괴하는 데까지 이르는 것이다.[16] 그들은 우리의 모든 적들의 손아귀로부터 구원받은 우리가 두려움 없이 그분 앞에서 거룩하고 의롭게 우리 인생의 매일 매일을 주를 섬겨야 할 그리스도인의 자유의 목적을 완전히 파괴한다.[17]

16 롬 6:1-2
17 갈 5:13, 벧후 2:18-21

제22장 종교적 예배와 안식일에 관하여

of Religious Worship and the Sabbath Day

1 자연의 빛은 한 분 하나님이 계시다는 것을 보여준다. 그분은 모든 것을 다스리시는 주권과 통치권을 가지신다. 그분은 공의롭고 선하시어 모든 것들에게 선을 행하신다. 그러므로 온 마음과 온 영혼으로 그리고 온 힘을 다해 그분을 경외하고, 사랑하고, 찬양하고, 부르고, 신뢰하고 섬겨야만 한다.[1] 그러나 참되신 하나님을 예배하는 합당한 방법은 그분 자신이 제정해주셨다.[2] 따라서 그 방법은 하나님 자신의 계시된 뜻에 의해 제한되기에 사람이 상상하여 만들어낸 방법들이나 장치들, 또는 시각적인 모든 연출 아래서 사탄이 제시한 방법들, 또는 성경에서 규정되지 않은 다른 어떤 방법으로도 하나님을 예배해서는 안 된다.[3]

1 렘 10:7, 막 12:33　　　　2 신 12:32　　　　3 출 20:4-6

2   종교적 예배는 반드시 성부, 성자 그리고 성령 하나님께 오직 그분께만 드려야만 한다.[4] 천사들이나, 성자들 또는 다른 어떤 피조물에게도 예배해서는 안 된다.[5] 그리고 타락 이후에는 중보자 없이 종교적 예배를 드릴 수 없게 되었다.[6] 그리스도 이외에 다른 어떤 자의 중보로도 종교적 예배를 드릴 수 없다.[7]

4 마 4:9-10, 요 6:23, 마 28:19
5 롬 1:25, 골 2:18, 계 19:10
6 요 14:6
7 딤전 2:5

3   감사함으로 드리는 기도는 종교적 예배의 특별한 한 부분이기에, 하나님께서 모든 사람들에게 요구하시는 것이다.[8] 그러나 그 기도가 받아들여지기 위해서는 성자의 이름으로,[9] 성령의 도우심으로,[10] 하나님의 뜻에 일치해야만 하고,[11] 이해와 존경과 겸손과 열심과 믿음과 사랑 그리고 인내를 가지고 해야만 한다. 그리고 다른 사람들과 함께 기도할 때에는 알아들을 수 있는 말로 해야만 한다.[12]

8 시 95:1-7, 시 65:2
9 요 14:13-14
10 롬 8:26
11 요일 5:14
12 고전 14:16-17

4 기도는 합법적인 것들과 모든 종류의 살아있는 사람들 또는 장래에 살아가게 될 사람들을 위해 드릴 수 있다.[13] 그러나 죽은 자들이나[14] 죽음에 이르는 죄를 지은 것으로 알려진 사람들을 위해서는 기도하면 안 된다.[15]

13 딤전 2:1-2, 삼하 7:29
14 삼하 12:21-23
15 요일 5:16

5 성경봉독과[16] 하나님의 말씀을 설교하고 듣는 것과[17] 시편과 찬송들 그리고 영적인 노래들로 서로 가르치고 훈계하는 것, 즉 우리 마음에 있는 은혜로 주님을 찬양하는 것,[18] 또한 침례와[19] 주의 만찬의 시행은[20] 하나님에 대한 종교적 예배의 본질적인 구성요소들이다. 이해와 믿음과 존경 그리고 경건한 두려움을 가지고 그분께 순종함으로 시행되어져야만 한다. 특별한 경우에[21] 금식이나[22] 감사의 표는 철저한 겸손으로 거룩하고 종교적인 방식으로 실시해야만 한다.

16 딤전 4:13
17 딤후 4:2, 눅 8:18
18 골 3:16, 엡 5:19
19 마 28:19-20
20 고전 11:26
21 출 15:1, 시 107
22 에 4:16, 욜 2:12

6 기도뿐만 아니라 종교적 예배의 다른 부분도 지금 복음의 시대에서 그것들이 시행되는 장소에 결부되어 있거나 그 장소로 인하여 더 잘 받아들여지는 것은 아니다.[23] 그러나 어디서든지, 즉 사사로이 가정에서[24] 매일,[25] 은밀하게 각자 홀로[26] 그리고 보다 엄숙하게 공적으로 모여서 하나님께 신령과 진리로 예배드릴 수 있다. 하나님께서 말씀으로나 섭리로 그것들을 요구하실 때, 부주의나 제멋대로 무시하거나 저버려서는 안 된다.[27]

23 요 4:21, 말 1:11, 딤전 2:8   26 마 6:6
24 행 10:2   27 히 10:25, 행 2:42
25 마 6:11, 시 55:7

7 일반적으로 하나님께서 정하신 시간의 한 부분을 하나님께 예배드리기 위해 떼어놓는 것이 자연의 법칙에 해당하는 것처럼, 그분의 말씀으로 적극적이고 도덕적이며 영원한 한 계명을 주셨다. 이는 모든 시대의 모든 사람들에게 구속력을 가지는데, 하나님께서는 특별히 칠 일 중 하루를 안식일로 정하셔서 하나님께 거룩하게 지키도록 명하셨다.[28] 안식일은 이 세상의 시작부터 그리스도의 부활까지는 한 주의 마지막 날이었다. 그리고 그리스도의 부활로부터 한 주의 첫째 날로 바

꿰었고 그 날을 주의 날이라고 부른다.[29] 이 날은 그리스도인의 안식일로서 세상 마지막까지 계속될 것이다. 한 주의 마지막 날을 지키는 것은 폐지되었다.

28 출 20:8
29 고전 16:1-2, 행 20:7, 계 1:10

8 따라서 안식일은 주님께 거룩하게 지켜져야만 한다. 사람들은 자신들의 마음을 합당하게 준비하고 일상적인 일들을 미리 정리정돈한 후에 온종일 자신의 직장의 일들과 세속적인 일에 대한 말과 생각 그리고 오락으로부터 거룩한 안식을 지켜야 할 뿐만 아니라,[30] 또한 공적으로 개인적으로 예배하는 일들과 필수적이고 자비로운 의무들을 행하는 데 모든 시간을 보내야만 한다.[31]

30 사 58:13, 느 13:15-23
31 마 12:1-13

제23장 합법적인 맹세와 서원에 관하여

of Lawful Oaths and Vows

1 합법적인 맹세는 종교적 예배의 한 행위이다. 이 예배에서 사람이 진실과 의로움과 그리고 올바른 판단으로 맹세할 때, 자신이 맹세하는 것에 대해 증인으로 서 주실 것과[1] 자신이 맹세한 내용의 진위를 따라 자신을 판단해 주실 것을 하나님께 요청하는 행위이다.[2]

1 출 20:7, 신 10:20, 렘 4:2
2 대하 6:22-23

2 하나님의 이름만이 사람들이 맹세할 때의 기준이다. 그리고 맹세할 때 하나님의 이름은 모든 거룩한 두려움과 존경을 담아 사용되어야만 한다. 그러므로 그토록 영광스럽고 두려운

이름으로 헛되게 또는 성급하게 맹세하거나 다른 어떤 것으로도 맹세하는 것은 죄악된 것이고 혐오해야 할 것으로 여겨야만 한다.[3] 그러나 중대한 일과 중요한 순간에 진리를 확인하고 모든 논쟁을 종식시키는 맹세는 신구약 하나님의 말씀에 의해 보증된다.[4] 그러므로 이러한 문제에 있어서 합법적인 권위에 의해 요구되는 합법적인 맹세는 행해지는 것이 바람직하다.[5]

[3] 마 5:34-37, 약 5:12
[4] 히 6:16, 고후 1:23
[5] 느 13:25

3 누구든지 신구약 하나님의 말씀에 보증된 맹세를 하는 사람은 이러한 엄격한 행위의 중대함을 마땅히 생각해야만 한다. 그리고 맹세함에 있어서 그가 진리라고 아는 모든 것을 제외하고 그 어떤 것도 장담해서는 안 된다. 이는 성급하고 거짓되고 헛된 맹세들이 주님을 분노케 하기 때문이다. 이로 인해 이 땅이 슬퍼한다.[6]

[6] 레 19:12, 렘 23:10

4 이 맹세는 반드시 분명하고 일상적인 말로 하되, 애매모호한 말 또는 거짓맹세는 없어야 한다.[7]

7 시 24:4

5 서원은 그 어떤 피조물에게도 해서는 안 되고 오직 하나님께만 하는 것으로 모든 종교적인 신중함과 성실함으로 행해져야만 하고 이행되어져야만 한다.[8] 그러나 종신 독신과[9] 의도적인 빈곤[10] 그리고 맹목적인 상하복종에 대한 로마 카톨릭의 수도원 서원은 더 고차원적인 수준과는 거리가 멀다. 이것들은 그 어떤 그리스도인도 스스로 빠져 들어가서는 안 되는 미신적이고 죄악된 올무이다.[11]

8 시 76:11, 창 28:20-22
9 고전 7:2-9
10 엡 4:28
11 마 19:11

제24장 국가 공직자에 관하여

of the Civil Magistrate

1 온 세상 최고의 주이시고 왕이신 하나님께서는 자신의 영광과 공공의 선을 위해 공직자들을 자신의 아래에 그리고 백성들 위에 임명하셨다. 그리고 이 목적을 따라 하나님께서는 칼의 권세로 그들을 무장시키시어 선을 행하는 이들은 보호하고 격려하며 악을 행하는 자들은 처벌하도록 하셨다.[1]

1 롬 13:1-4

2 그리스도인들이 공직으로 부름을 받았을 경우 이를 받아들이고 수행하는 것은 합법적이다. 그들이 공무를 수행함에 있어서 각 국가의 건전한 법에 따라 특별히 정의와 평화를 유지해야만 한다.[2] 바로 이 목적 때문에 신약시대에도 정당하고

불가피한 경우에 그들이 전쟁을 수행하도록 합법적으로 허
용된다.[3]

2 삼하 23:3, 시 82:3-4
3 눅 3:14

3　공직자들은 앞에서 언급한 목적을 위해 하나님에 의해서 세
워진다. 우리는 공직자들이 명령한 모든 합법적인 것들에 대
해 처벌 때문이 아니라 양심을 따라 주님 안에서 복종해야만
한다.[4] 그리고 우리는 왕들과 권위 있는 모든 사람들을 위해
서 간구하고 기도해야만 하는데, 이는 우리가 그들의 통치 하
에서 경건하고 품위 있는 상태로 고요하고 평화로운 삶을 살
아가기 위함이다.[5]

4 롬 13:5-7, 벧전 2:17
5 딤전 2:1-2

제25장 결혼에 관하여

of Marriage

1 결혼은 반드시 한 남자와 한 여자사이에서만 이루어져야 한다. 남자가 한명보다 더 많은 아내를 두는 것도, 여자가 한 명보다 더 많은 남편을 두는 것도 합법적이지 않다.[1]

1 창 2:24, 말 2:15, 마 19:5-6

2 결혼은 남편과 아내가 서로 돕기 위하여,[2] 합법적 자녀로 인한 인류의 번성을 위하여,[3] 그리고 부정을 막기 위하여 제정되었다.[4]

2 창 2:18
3 창 1:28
4 고전 7:2, 9

3 판단력을 가지고 동의할 능력이 되는 사람들은 누구나 합법
적으로 결혼할 수 있다.[5] 그러나 주님 안에서 결혼하는 것이
그리스도인들의 의무이다.[6] 그러므로 당연히 참된 신앙을 고
백하는 사람과 결혼을 해야지 불신자나 이교도들과 결혼해서
는 안 된다.[7] 경건한 자들은 악한 삶을 살거나 가증스런 이단
사상을 주장하는 사람과 결혼하여 감당하지 못할 멍에를 같
이 메지 말아야 한다.

5 히 13:4, 딤전 4:3
6 고전 7:39
7 느 13:25-27

4 말씀에서 금하는 혈족이나 친인척 관계 안에서의 결혼은 금
지된다.[8] 그들이 부부로서 함께 살 수 있도록 사람의 어떤 법
이나 당사자들의 합의로 인해 근친간의 결혼이 합법화 될 수
는 없다.[9]

8 레 18:1-30
9 막 6:18, 고전 5:1

제26장 교회에 관하여

of the Church

1 보편교회 또는 우주적 교회는 (성령의 내적활동과 은혜의 진리라는 관점에서) 보이지 않는 교회로 불리어지기도 하는데, 바로 이 교회는 본질적으로 선택된 자들의 전체 수이다. 이는 교회의 머리이신 그리스도의 품 안에 하나로 모여왔고 모이고 있고 앞으로도 모일 자들이다. 그리고 이 교회는 만물 안에서 만물을 충만케 하시는 그분의 신부이고 몸이고 충만함이다.[1]

1 히 12:23, 골 1:18, 엡 1:10, 22-23, 5:23, 27, 32

2 복음에 대한 믿음을 고백하고 그 복음을 따라 그리스도로 인해 하나님께 순종하고, 복음의 기초를 뒤집는 어떤 오류들이나 불경건한 행동으로 자신들의 고백을 파괴하지 않는 전 세

계의 모든 사람들은 보이는 가시적 성도들이고 그렇게 여겨도 된다.[2] 이런 사람들로만 모든 개별적인 회중을 구성하는 것이 옳다.[3]

2 고전 1:2, 행 11:26
3 롬 1:7, 엡 1:20-22

3   하늘 아래 가장 순수한 교회들도 불순물이 섞이고 오류를 겪는다.[4] 그리고 어떤 교회는 매우 타락하여 더 이상 그리스도의 교회가 아니고 사단의 회들이 되고 말았다.[5] 그럼에도 불구하고 그리스도는 이 세상에 자신을 믿고 자기 이름을 고백하는 사람들로 이루어진 하나의 왕국을 항상 가지고 계셨고 이 세상 끝날 때까지 영원히 가지고 계신다.[6]

4 고전 5, 계 2, 3
5 계 18:2, 살후 2:11-12
6 마 16:18, 시 72:17, 시 102:28, 계 12:17

4   주 예수 그리스도는 교회의 머리이시다. 그리스도에게 성부 하나님의 정하심대로 교회를 부르시고 세우시고 교회의 질서를 바로잡으시고 교회를 통치하는 모든 권세를 최고의 주권적인 방식으로 맡기셨다.[7] 로마교회의 교황은 어떤 식으로도

교회의 머리가 될 수 없다. 단지 적그리스도, 죄에 속한 사람, 멸망의 아들, 즉 교회에서 그리스도를 대적하여 스스로 높이는 자이고 모두가 신이라고 불리는 자들일 뿐이다. 주님은 반드시 재림의 빛으로 그 모두를 멸망시키실 것이다.[8]

7 골 1:18, 마 28:18-20, 엡 4:11-12
8 살후 2:3-9

5 주 예수님께서는 자신에게 맡겨진 이 권세를 행하심으로 성부 하나님께서 자신에게 주신 사람들을 자신의 말씀 사역을 통하여 그리고 성령님에 의하여 세상에서 불러내어 자신에게 속하게 하신다.[9] 그 결과 그들은 주 예수께서 말씀으로 규정하신 모든 순종의 길로 그분 앞에서 걷게 될 것이다.[10] 이렇게 부름 받은 사람들에게 주 예수님께서는 개별적 모임들, 각 교회들로 함께 걸어갈 것을 명령하신다. 이는 그들이 서로 도와 신앙의 증진을 일으키고 주님이 이 세상에서 그들에게 요구하시는 공적 예배를 적절히 행하기 위함이다.[11]

9 요 10:16, 12:32
10 마 28:20
11 마 18:15-20

6 이런 교회들의 회원들이 부르심을 받은 성도들이다. 이들은 그리스도의 부르심에 대한 순종을 보이게 드러내고 입증한다 (그들의 고백의 내용과 그 고백으로 인해 그리고 그들이 걷고 있는 길과 그 순종의 걸음으로 인해).[12] 그리고 성도들은 그리스도의 약속을 따라 함께 걸어 갈 것을 의지적으로 동의한다. 그래서 그들은 하나님의 뜻을 기준으로 복음의 명령들에 대한 고백적 순종 안에서 그들 자신을 주님과 다른 사람들에게 기꺼이 내어놓는다.[13]

12 롬 1:7, 고전 1:2
13 행 2:41-42, 5:13-14, 고후 9:13

7 그분의 말씀 안에서 드러난 그리스도의 뜻에 따라 모여진 이러한 각 교회들에게 주님은 교회가 지켜야 하고 시행해야 하는 예배와 치리의 질서를 지속하는데 필요한 모든 권세와 권위를 주셨다. 이 권세의 적절하고 올바른 사용과 실행을 위한 명령들과 규칙들도 함께 주셨다.[14]

14 마 18:17-20, 고전 5:4-5, 13, 고후 2:6-8

8 그리스도의 뜻을 따라 온전하게 질서가 세워진 개 교회는 직분자들과 회원들로 구성된다. 그리고 그리스도에 의해 임명된 직분자들은 교회에 의해 선택되고 구별되어야만 한다(교회가 부르심을 받고 모여진 것처럼). 이 사역자들은 특별히 성례전을 집례하고 권세나 의무를 행하기 위해 임명되는 것이다. 그리스도께서 맡기셨고 부르신, 이 세상 끝까지 계속되는 직분자들은 감독, 즉 목사와 집사이다.[15]

15 행 20:17, 28, 빌 1:1

9 성령님에 의해 자격과 은사를 받은 어떤 사람을 한 교회 안에서 감독, 즉 목사의 직분으로 부르시기 위해 그리스도께서 정하신 방식은 바로 그 교회의 공통된 동의에 의해 그 직분에 선출되는 것이다.[16] 그리고 만약 한 교회에 이미 구성된 회중이 있다면, 신중히 금식과 기도로 그리고 그 교회 목회자의 자리에 있는 자가 안수하는 것으로 구별돼야 한다.[17] 집사의 직분을 임명하는 방식도 동일한 동의로 선택되고 신중하게 기도와 안수하는 것으로 인해 구별돼야 한다.[18]

16 행 14:23
17 딤전 4:14
18 행 6:3-6

10 목사의 직무는 개 교회 안에서 말씀과 기도의 사역으로 그리스도께 드리는 예배에 지속적으로 참여하면서, 그들이 맡고 있는 영혼들에 대해 주님께 보고해야 되는 자들처럼 그들의 영혼들을 살펴야 한다.[19] 그들의 목회자들을 합당하게 존경해야 할 뿐만 아니라 자신들의 능력을 따라 좋은 것들을 나누는 것이 교회에 부여된 책무이다.[20] 그래서 목회자들은 세속적인 일들에 얽혀있지 않아야 하며,[21] 동시에 안정적인 재정지원을 받아야 한다. 또한 다른 사람들을 대접할 수 있을 만한 능력이 있어야만 한다.[22] 이는 자연의 법칙 과 우리 주님의 분명한 명령, 즉 복음을 전하는 자들은 그 복음을 전하는 것으로 생계를 유지해야 한다는 명령으로 인해 요구되는 것이다.[23]

19 행 6:4, 히 13:17
20 딤전 5:17-18, 갈 6:6-7
21 딤후 2:4
22 딤전 3:2
23 고전 9:6-14

11 한 교회 안에서 직무상 말씀을 꾸준히 전하는 일이 감독, 즉 목사의 책무라 할지라도, 말씀을 전하는 일이 그들에게만 특별히 제한되는 것이 아니라, 이 일을 위해 성령께서 은사와 자질을 주신, 그리고 교회에 의해 인정받고 부름을 받은 다른 사람들도 이 직무를 수행하는 것이 허락되고 옳다.[24]

24 행 11:19-21, 벧전 4:10-11

12 모든 신자들은 언제 어디서든 자신에게 개 교회에 가입해야
할 기회가 있으면 그렇게 해야만 한다. 그렇게 한 교회의 혜
택들에 참여하게 된 모든 사람들은 또한 그리스도의 규칙을
따라 그 교회의 훈계와 다스림 아래 있다.[25]

25 살전 5:14, 살후 3:6, 14-15

13 교회의 회원들로 인해 어떤 범죄가 발생한 경우에, 교회의 회
중은 그 잘못을 일으킨 사람에 대하여 자신들에게 요구되는
의무를 즉각 수행하되, 함께 신앙생활 하는 그 회원의 죄로 인
하여 교회의 어떤 질서도 훼방해서는 안 되며, 교회의 모임들
또는 성례전의 시행에 불참하는 것은 결코 허락되지 않는다.
그저 교회의 최종 진행 때까지 그리스도를 의지하며 기다려
야 한다.[26]

26 마 18:15-17, 엡 4:2-3

14 각 교회와 그 교회의 모든 회원들은 계속적으로 기도해야 할
의무가 있다.[27] 이는 그리스도의 모든 교회들의 유익과 번영
을 위한 것이고, 모든 장소와 모든 상황 위에서 각자의 자리와
부르심 안에서 자신들의 은사들과 은혜들을 사용하여, 모든
사람들의 믿음을 증진시키기 위한 것이다. 이와 같이 그 교회

                                     제2차 런던신앙고백서

들이 하나님의 섭리로 세워진 경우, 기회와 유익이 되는 대로 그들 가운데 평안과 사랑의 증진 그리고 서로의 성숙을 일으키기 위한 성도의 교제를 나누어야만 한다.[28]

27 엡 6:18, 시 122:6
28 롬 16:1-2, 요삼 1:8-10

15 교리적이거나 행정적인 문제에서, 어려움 또는 차이가 있는 경우에, 전체 교회에서 일반적으로 발생한 것이거나 어떤 한 교회에서 평화와 연합과 성숙에 있어서 발생하는 경우, 또는 어떤 교회의 회원이나 회원들이 진리와 질서에 일치하지 않는 권징의 절차 과정에서 그로 인해 상처를 입은 경우에는, 함께 교제를 나누고 있는 많은 교회들이 자신들의 대표자들을 세워 논란이 되는 문제의 본질이나 문제에 관하여 만나서 생각하고 조언을 주고, 관계된 모든 교회에게 보고해야 한다.[29] 이것이 그리스도의 뜻을 따르는 것이다. 그럼에도 소집된 대표들에게는 이른바 교권도 없고, 모든 교회 그 자체를 지배하는 그 어떤 사법권도 없으며, 어떤 교회들이나 회원들을 징계할 권한도 없다. 또한 이 대표들에게는 모든 교회나 직분자들에게 강요할 권한이 부여되지 않는다.[30]

29 행 15:2-6, 15:22-25
30 고후 1:24, 요일 4:1

제27장 성도의 교제에 관하여

of the Communion of Saints

1 성령과 믿음으로 머리 되신 예수 그리스도와 연합된 모든 성도들은 비록 그분과 한 인격이 되는 것은 아니지만, 그분의 은혜들과 고난들, 죽으심과 부활과 영광에 참여한다.[1] 모든 성도들은 사랑으로 서로 연합하고, 그들의 은사들과 은혜들을 서로 함께 나눈다.[2] 공적으로나 사적으로, 영적이고 육적인 면에 있어서 자신들의 공동의 유익에 도움이 되는 모든 의무들을 질서 있는 방식으로 수행해야할 의무를 가진다.[3]

1 요일 1:3, 요 1:16, 빌 3:10, 롬 6:5-6
2 엡 4:15-16, 고전 12:7, 고전 3:21-23
3 살전 5:11-14, 롬 1:12, 요일 3:17-18, 갈 6:10

2 신앙고백에 의해 성도들은 하나님을 예배하고 서로의 신앙을 중진시키는데 도움이 되는 다른 영적인 봉사들을 행하는 하나의 거룩한 교제의 모임을 지속적으로 유지해야 할 의무에 놓여있다.[4] 또한 그들 각자의 능력과 필요에 따라 물질적인 것들에 관하여도 서로 구제해야 하는 의무에 놓여있다.[5] 이러한 교제는 복음의 규칙을 따라 그들이 서있는 일정한 공간 안에서의 관계, 즉 가족과[6] 교회회중과[7] 같은 관계에서 특별히 행해져야 하나, 하나님께서 기회를 주신 경우 믿음의 모든 권속들, 다시 말해 어디서든 주 예수 그리스도의 이름을 부르는 모든 사람들과도 행해져야만 된다. 그럼에도 불구하고 다른 성도들과 맺는 성도의 교제가 그들의 소유들과 재산들에 있어서 각자의 소유권이나 재산권을 박탈하거나 침해해서는 안 된다.[8]

4 히 10:24-25, 3:12-13
5 행 11:29-30
6 엡 6:4
7 고전 12:14-27
8 행 5:4, 엡 4:28

제28장 침례와 주의 만찬에 관하여

of Baptism and the Lord's Supper

1 침례와 주의 만찬은 적극적이고 주권적인 제도인 의식들로서, 유일한 입법자 주 예수에 의하여 그분의 교회 안에 세상 끝날 까지 지속되도록 제정된 것이다.[1]

1 마 28:19-20, 고전 11:26

2 이처럼 거룩하게 제정된 의식들은 그리스도의 명령에 따라서, 자격을 부여받고 부르심을 받은 자들에 의해서만 집례 되어져야만 한다.[2]

2 마 28:19, 고전 4:1

제29장 침례에 관하여

of Baptism

1   침례는 예수 그리스도께서 제정하신 신약의 의식이다. 그리고 침례 받는 자들에게 있어서 그것은 예수 그리스도와 연합하여 그분의 죽음과 부활 안에 있다는 표이다.[1] 이는 그리스도께 접붙임 되고, 죄들을 용서받고,[2] 예수 그리스도를 통하여 자신을 하나님께 드리고 새 생명으로 살고 걸어간다는 표이다.[3]

1 롬 6:3-5, 골 2:12, 갈 3:27
2 막 1:4, 행 26:16
3 롬 6:2-4

2 하나님을 향한 회개와 우리 주 예수 그리스도에 대한 믿음과
그분을 향한 순종을 실제로 고백하는 사람들만이 이 의식에
합당한 유일한 대상들이다.[4]

4 막 16:16, 행 8:36

3 이 의식에서 사용되는 외적인 요소는 물이다. 침례 받는 그
사람은 물에서 성부와 성자와 성령의 이름으로 침례를 받아
야만 한다.[5]

5 마 28:19-20, 행 8:38

4 침수 즉, 사람을 물에 잠기게 하는 것이 이 의식의 합당한 시
행에 있어서 필수적이다.[6]

6 마 3:16, 요 3:23

제30장 주의 만찬에 관하여

of the Lord's Supper

1 주 예수의 만찬은 예수님에 의해 제정되었다. 바로 그날 밤에 주님은 배반당하셨다. 그러므로 주의 만찬은 자신의 모든 교회에서 이 세상 끝날까지 시행되어져야 하는데, 이는 죽음으로 자기 자신을 희생 제물로 바치신 예수님을 영원히 기억하고 드러내며,[1] 주의 만찬에 참여하여 얻는 모든 유익들로 성도들의 믿음을 견고하게 하기 위함이다. 주의 만찬에서 참여자는 그리스도 안에서 영적으로 자라며 성장하고, 주님께 드려야 하는 모든 의무들을 짊어지고 더 잘 이행하게 될 것이다. 그러므로 주의 만찬은 참여자가 예수님과 및 다른 참여자들과의 관계를 단단히 매는 줄이자 하나의 보증이다.[2]

1 고전 11:23-26
2 고전 10:16-21

2 　주의 만찬에서 그리스도는 성부께 바쳐지시는 것이 아니고 산 자와 죽은 자의 죄를 완전히 용서하시기 위해 실제로 희생 제물이 되시는 것도 아니다. 오직 십자가에서 자기 자신을 희생 제물로 단번에 드린 사실의 기념일뿐이다.[3] 그리고 기념의 의미로 하나님께 드리는 가능한 모든 찬양의 영적 봉헌일 뿐이다.[4] 그러므로 미사에서의 교황적 제사는 택자의 모든 죄를 위하여 그리스도 자신이 직접 치르신 희생과 유일한 속죄를 모욕하는 가장 혐오스러운 것이다.

3 히 9:25-28
4 고전 11:24, 마 26:26-27

3 　주 예수님께서는 이 의식에서 자신의 사역자들이 기도하고, 성찬의 요소인 빵과 포도주에 축사하여 그 빵과 포도주를 일상적인 것에서 거룩한 용도로 구별하여 빵을 잡고 떼고 그 잔을 잡고, 그들이 빵과 포도주 모두를 참여자들에게 나눠주도록 정하셨다.[5]

5 고전 11:23-26

4 분잔을 하지 않거나 빵과 포도주를 예배하거나 그 성찬의 요소들을 높이거나 거의 경배의 대상으로 높여 그것들을 그럴 듯한 종교적인 용도를 위해 따로 떼어두는 것은 이 의식의 본질과 그리스도의 제정하신 의미에 완전히 반하는 것이다.[6]

6 마 26:26-28, 15:9, 출 20:4-5

5 이 의식에서 외적인 요소들은 그리스도께서 정하신 용도에 따라 적절히 구별되어야 한다. 이 외적 요소들은 십자가에 달리신 그리스도와 관계를 가진다.[7] 실제로는 비록 상징적으로 사용되는 요소들이지만, 이 외적 요소들은 때에 따라서는 그 요소들이 상징하는 것들, 즉 그리스도의 살과 피로 불리기도 한다. 비록 실체와 본질에 있어서 그 외적 요소들은 기도하기 이전과 여전히 똑같은 진짜 빵과 포도주일 뿐이다.[8]

7 고전 11:27
8 고전 11:26-28

6 일반적으로 화체설이라 불리는, 사제의 축성이나 다른 어떤 방식으로 인하여 빵과 포도주의 실체가 그리스도의 살과 피의 실체로 변한다고 주장하는 교리는 성경을 거스를 뿐 아니

라 상식과 일반적인 이성적 논리와도 모순된다.[9] 이는 이 의식의 본질을 파괴하는 것이며 여러 미신들 뿐 아니라 모든 우상숭배의 원인이 되어왔고 원인이다.[10]

9 행 3:21, 눅 24:6, 39
10 고전 11:24-25

7　합당한 참여자들은 주의 만찬에서 빵과 포도주를 먹음으로써 외적으로 참여하고 또한 믿음에 의하여 실제로 그리고 참으로 내적으로도 참여하는 것이다. 이는 물질적이고 육체적으로 받아들이거나 먹는 것이 아니다. 십자가에 달리신 그리스도를 의지하여 그분의 죽음의 모든 유익들을 영적으로 받아들이고 먹는 것이다. 그리스도의 살과 피는 육체적이거나 물질적으로 있는 것이 아니다. 그러나 외적 요소들이 그 자체로 그 외적인 의미들과 일치하게 있는 것 같이, 영적으로 이 의식에서 성도들의 믿음을 따라 드러나는 것이다.[11]

11 고전 10:16, 11:23-26

8　모든 무지하고 불경건한 자들은 그리스도와의 교제를 즐거워하기에 적절하지 않다. 이처럼 그들은 주의 만찬에 적합하지

않다.[12] 그리고 그리스도를 대적하는 엄청난 죄를 용서받지 않고 여전히 그 죄를 가지고 있는 동안에는 이러한 거룩한 신비에 참여할 수도 없고 허락되지도 않는다. 게다가 자격 없이 받은 사람은 누구든지 주님의 살과 피에 대한 죄의 책임이 있다. 이는 스스로 심판을 먹고 마시는 것이다.[13]

12 고후 6:14-15
13 고전 11:29, 마 7:6

of the State of man after Death and of the Resurrection of the Dead

1 사람의 육신은 죽은 후 흙으로 돌아가고 부패를 겪는다.[1] 그러나 불멸의 본질을 가지는 사람의 영혼은 죽지도 잠자지도 않고 그 즉시 그것들을 주신 하나님께로 돌아간다.[2] 의인의 영혼은 그때 거룩함에 있어서 완벽하게 되어 낙원으로 받아들여지고 그곳에서 그리스도와 함께 거하고 빛과 영광 중에 하나님의 얼굴을 보면서 그들의 육신의 완전한 구원을 기다린다.[3] 그리고 악인의 영혼은 지옥에 던져진다. 그곳에서 그 영혼들은 고통과 칠흑 같은 어둠 안에 남겨져 그 큰 날의 심판 가운데 놓이게 된다.[4] 사람의 육신에서 분리된 영혼을 위한 이 두 자리 외에 성경은 그 어떤 장소도 인정하지 않는다.

1 창 3:19, 행 13:36   3 눅 23:43, 고후 5:1, 6-8
2 전 12:7   4 유 6-7, 벧전 3:19, 눅 16:23-24

2 　그 마지막 날에 살아있는 성도들은 당연히 잠들지 않고 변화
될 것이다.[5] 그리고 모든 죽은 자들은 다른 몸이 아닌 자기 본
래의 몸으로, 하지만 다른 특성들을 가지고 일으킴을 받을 것
이다.[6] 그리하여 다시 자신의 영혼과 영원토록 결합된다.[7]

5 고전 15:51-52, 살전 4:17
6 욥 19:26-27
7 고전 15:42-43

3 　불의한 자의 육신은 그리스도의 능력으로 일으켜져 수치를
당하게 된다. 의인의 육신은 성령의 인도를 받아 존귀하게 되
고 그리스도 자신의 영광스러운 육신과 같은 모습이 된다.[8]

8 행 24:15, 요 5:28-29, 빌 3:21

제32장 최후 심판에 관하여

of the Last Judgement

1 하나님께서는 예수 그리스도가 세상을 의로 심판하실 한 날을 정하셨다.[1] 성부의 모든 권세와 심판권이 그리스도께 주어졌다. 그 날에 배교한 천사들이 심판을 받을 뿐만 아니라[2] 이 땅을 살아온 모든 사람들은 그리스도의 심판대 앞에 서게 되어 그들의 생각들과 말들과 행동들을 보고하고 선이든 악이든 그 육신의 모습으로 행한 모든 것들로 판단을 받게 된다.[3]

1 행 17:31, 요 5:22, 27
2 고전 6:3, 유 6
3 고후 5:10, 전 12:14, 마 12:36, 롬 14:10-12, 마 25:32

2 하나님께서 이 날을 정하신 목적은 택자의 영원한 구원에서 자신의 자비의 영광을 드러내고, 악하고 불순종한 유기된 자의 영원한 저주에서 자신의 공의를 드러내기 위함이다.[4] 그 때에 의인은 영원한 생명으로 들어가고 주님 앞에 있는 기쁨과 영광의 충만함을 영원한 상급과 함께 누리게 된다.[5] 그러나 하나님을 알지 못하고 예수 그리스도의 복음을 받아들이지 않은 악인은 주님 앞에서 단절되고 주님의 능력의 영광으로부터 끊어져 영원한 고통에 떨어지게 되고 영원한 멸망의 벌을 받게 된다.[6]

4 롬 9:22-23
5 마 25:21, 딤후 4:8
6 마 25:46, 막 9:48, 살후 1:7-10

3 그리스도는 심판의 날이 있다는 사실을 우리로 하여금 확실히 믿게 하여, 모든 사람들이 죄로부터 돌이키고[7] 그들의 불행 안에서 더 많은 신적 위로를 얻도록[8] 결심하길 바라신다. 그러나 그리스도께서 이같이 그 날을 사람들에게 확실하게 알리지 않으신 것은 그들이 주님이 오실 그 시간을 알지 못하므로 모든 육신의 보장을 버릴 수 있게 하고 항상 깨어[9] '주님 속히 오소서'[10] 라고 말하도록 하기 위한 것이다. 아멘.

7 고후 5:10-11 **9** 막 13:35-37, 눅 12:35-40
8 살후 1:5-7 **10** 계 22:20

맺음말과 신앙고백서 서명자들

영국과 웨일즈에는 (아르미니안주의를 부정하는) 100여개가 넘는 침례교회가 있다. 우리는 그 교회의 목회자이고 설교자이자 대표자이다. 우리는 1689년 7월 3일부터 같은 달 11일까지 런던에 함께 모여서 하나님의 영광을 위해 할 수 있는 일들과 우리 각 교회의 선을 위한 일들에 대해 생각하고 (침례에 관하여 우리와 다른 모든 그리스도인을 이해시키기 위해서) 그들이 우리의 신앙과 실천의 교리를 담고 있는 우리의 신앙고백서를 자세히 살펴보게 할 방도를 고민하고 우리 교회들의 모든 회중 개개인이 이 교리에 정통하기 위한 방도를 모색했다.

Hanserd Knollys	Pastor	Broken Wharf	London
William Kiffin	"	Devonshire-square	"
John Harris	"	Joiner's Hal	"
William Collins	"	Petty France	"
Hurcules Collins	"	Wapping	"
Robert Steed	"	Broken Wharf	"
Leonard Harrison	"	Limehouse	"
George Barret	"	Mile End Green	"
Isaac Lamb	"	Pennington-street	"
Richard Adams	Minister	Shad Thames	Southwark
Benjamin Keach	Pastor	Horse-lie-down	"
Andrew Gifford	"	Bristol, Fryars	Som. & Glouc.
Thomas Vaux	"	Broadmead	"
Thomas Winnel	"	Taunton	"
James Hitt	Preacher	Dalwood	Dorset
Richard Tidmarsh	Minister	Oxford City	Oxon
William Facey	Pastor	Reading	Berks
Samuel Buttall	Minister	Plymouth	Devon
Christopher Price	"	Abergavenny	Monmouth
Daniel Finch	"	Kingsworth	Herts
John Ball	"	Tiverton	Devon
Edmond White	Pastor	Evershall	Bedford
William Prichard	"	Blaenau	Monmouth
Paul Fruin	Minister	Warwick	Warwick
Richard Ring	Pastor	Southampton	Hants
John Tomkins	Minister	Abingdon	Berks
Toby Willes	Pastor	Bridgewater	Somerset

John Carter		Steventon	Bedford
James Webb		Devizes	Wilts
Richard Sutton	Pastor	Tring	Herts
Robert Knight	"	Stukeley	Bucks
Edward Price	"	Hereford City	Hereford
William Phipps	"	Exon	Devon
William Hawkins	"	Dimmock	Gloucester
Samuel Ewer	"	Hemstead	Herts
Edward Man	"	Houndsditch	London
Charles Archer	"	Hock-Norton	Oxon

총회의 이름으로 그리고 총회의 대표로.

The Baptist Confession of Faith 1689

제2차 런던신앙고백서

초판 인쇄	2018년 5월 28일
초판 발행	2018년 5월 31일
옮 긴 이	김홍범 박대일
펴 낸 이	김홍범
펴 낸 곳	제5열람실(등록 2016. 11. 9. 제 367-2016-000037)
교정교열	고운석
주　　소	대전시 유성구 반석서로 71번길 7 302호
전　　화	(042) 825-1405
팩　　스	(042) 825-1403
홈페이지	www.noeunsola.com
페이스북	www.facebook.com/the5threadingroom
인 쇄 소	영진문원
I S B N	979-11-963679-0-9 (04230)
	979-11-963679-2-3 (04230) 세트

판권 ⓒ 제5열람실 2018, Printed in Korea.
　　　　저작권법에 의하여 한국 내에서 보호를 받는 저작물이므로 전제와 복제를 금합니다.

책값은 뒤표지에 있습니다.
잘못된 도서는 교환하여 드립니다.

이 도서의 국립중앙도서관 출판예정도서목록(CIP)은 서지정보유통지원시스템 홈페이지
(http://seoji.nl.go.kr)와 국가자료공동목록시스템(http://www.nl.go.kr/kolisnet)에서 이
용하실 수 있습니다. (CIP제어번호: CIP2018014127)